Auf gute Zusammenarbeit
Ihre Pharmaberaterin
Stephanie [illegible]

Senile Osteoporose

Prävention von Schenkelhalsfrakturen

J. D. Ringe, P. J. Meunier

Mit Beiträgen von

C. Baudoin
P. Burckhardt
B. Burnand
M. C. Chapuy
B. Dawson-Hughes
D. Felsenberg
I. Frieling
St. Gerber
M. A. Krieg
H.-P. Kruse
P. J. Meunier
P. D. Miller
H. W. Minne
J. D. Ringe
M. Sinaki
D. Thiébaud

39 Abbildungen
21 Tabellen

1996
Georg Thieme Verlag
Stuttgart · New York

Prof. Dr. med. Johann Diederich Ringe
Leitender Arzt der Medizinischen Klinik IV
Klinikum Leverkusen
Akadem. Lehrkrankenhaus der
Univ. zu Köln
D-51375 Leverkusen

Prof. Dr. P. J. Meunier
Unité INSERM 234
Service de Rheumatologie
& de Pathologie Osseuse
Pavillon F, Hôpital Edouard Herriot
F-69437 Lyon Cedex 3

Die Deutsche Bibliothek – CIP-Einheitsaufnahme

Senile Osteoporose : Prävention von Schenkelhalsfrakturen / J. D. Ringe ; P. J. Meunier. Mit Beitr. von C. Baudoin ... – Stuttgart ; New York : Thieme, 1996
NE: Ringe, Johann D. [Hrsg.]; Baudoin, C.

Rüdigerstraße 14
70469 Stuttgart
Printed in Germany

Graphiken: Stephan Zimmermann, Böheimstraße 18, 70178 Stuttgart
Satz: Dr. Ulrich Mihr GmbH, Tübingen
System: 3B2 (4.62)
Druck: Grammlich, Pliezhausen
Buchbinder: Held, Rottenburg

ISBN 3-13-104281-8 1 2 3 4 5 6

Wichtiger Hinweis: Wie jede Wissenschaft ist die Medizin ständigen Entwicklungen unterworfen. Forschung und klinische Erfahrung erweitern unsere Erkenntnisse, insbesondere was Behandlung und medikamentöse Therapie anbelangt. Soweit in diesem Werk eine Dosierung oder eine Applikation erwähnt wird, darf der Leser zwar darauf vertrauen, daß Autoren, Herausgeber und Verlag große Sorgfalt darauf verwandt haben, daß diese Angabe dem *Wissensstand bei Fertigstellung des Werkes* entspricht.

Für Angaben über Dosierungsanweisungen und Applikationsformen kann vom Verlag jedoch keine Gewähr übernommen werden. *Jeder Benutzer ist angehalten,* durch sorgfältige Prüfung der Beipackzettel der verwendeten Präparate und gegebenenfalls nach Konsultation eines Spezialisten festzustellen, ob die dort gegebene Empfehlung für Dosierungen oder die Beachtung von Kontraindikationen gegenüber der Angabe in diesem Buch abweicht. Eine solche Prüfung ist besonders wichtig bei selten verwendeten Präparaten oder solchen, die neu auf den Markt gebracht worden sind. *Jede Dosierung oder Applikation erfolgt auf eigene Gefahr des Benutzers.* Autoren und Verlag appellieren an jeden Benutzer, ihm etwa auffallende Ungenauigkeiten dem Verlag mitzuteilen.

Adressen

Dr. C. Baudoin
Unité INSERM 21
16, Avenue Paul-Vaillant-Couturier
F-94807 Villjeuf Cedex

Prof. Dr. P. Burckhardt, B. Burnand,
St. Gerber, M. A. Krieg, D. Thiébaud
Centre Hospitalier Universitaire
Vaudois
Departement de Medecine Interne
Service de Medecine Interne A
CH-1011 Lausanne

M. C. Chapuy
Unité INSERM 234
Service de Rheumatologie
& de Pathologie Osseuse
Pavillon F, Hôpital Edouard Herriot
F-69437 Lyon Cedex 3

Prof. Dr. B. Dawson-Hughes
Calcium and Bone Metabolism
Lab. U. S. D. A.
Human Nutrition Research Center
of Ageing at Tufts University
711 Washington Street
Boston MA 02111
U.S.A.

PD Dr. D. Felsenberg
Freie Universität Berlin
Universitätsklinikum
Benjamin Franklin
Abteilung für Radiologische
Diagnostik und Nuklearmedizin
Hindenburgdamm 30
D-12200 Berlin

I. Frieling
Universitätskrankenhaus Eppendorf
Medizinische Klinik
Abt. Nephrologie/Osteologie
Martinistraße 52
D-20246 Hamburg

Prof. Dr. H.-P. Kruse
Universitätskrankenhaus Eppendorf
Medizinische Klinik
Abt. Nephrologie/Osteologie
Martinistraße 52
D-20246 Hamburg

Prof. Dr. P. Miller
Western Nephrologie
1750 Pierce Street
Denver Lakeland
Colorado 802141434
U.S.A.

Prof. Dr. H. W. Minne
Ärztlicher Direktor der Klinik
„Der Fürstenhof"
D-31812 Bad Pyrmont

M. Sinaki, M. D.
Mayo Clinic
Physical Medicine and Rehabilitation
Rochester
Minnesota 55905
U.S.A.

Vorwort

In den letzten Jahrzehnten ist die mittlere Lebenserwartung von Männern und Frauen in den sog. entwickelten Industrienationen nochmals deutlich gestiegen. Eine wichtige gesundheitspolitische Folge dieser Entwicklung ist, daß Prävalenz und sozioökonomische Bedeutung bestimmter altersassoziierter Krankheiten erheblich gestiegen sind. Zu diesen Krankheiten gehört sicher auch die Osteoporose mit der Problematik ansteigender Frakturraten im höheren Lebensalter.

Vor allem die Wirbelfrakturen und Schenkelhalsfrakturen, häufig gefolgt von Rundrückenausbildung, chronischen Schmerzen, Mobilitätsverlust bis hin zur Invalidität, verursachen erhebliche Kosten für Kranken- und Pflegeversicherungen.

Studien aus verschiedenen europäischen Ländern zeigen, daß die Inzidenz der hüftnahen Femurfrakturen sogar stärker ansteigen, als durch die Änderung der Altersstruktur in den jeweiligen Populationen zu erklären ist. Eine Änderung des Risikofaktorenprofils, das heißt insbesondere ein für Kalziumstoffwechsel und Skelett „ungesunder Lebensstil", könnte eine Erklärung für diese Beobachtung sein.

Hochrechnungen zu Prävalenz und Kosten von osteoporotischen Frakturen im Alter zeichnen für die Industrieländer, aber auch für die sich entwickelnden Länder, ein düsteres Szenario bis zum Jahr 2030. Für Deutschland ist davon auszugehen, daß die jährliche Inzidenz von Oberschenkelhalsfrakturen von jetzt ca. 70 000 auf 100 000 ansteigen wird.

Das Interesse an der „Senilen Osteoporose" und den damit assoziierten Frakturen im höheren Lebensalter ist unter dem Eindruck der sozioökonomischen Daten, aber auch durch interessante Ansätze zur Diagnostik des Frakturrisikos und zur Frakturprävention in den letzten Jahren, geweckt worden. Es ist offenbar nicht zu spät, auch im höheren Alter noch mit Präventionsmaßnahmen zu beginnen.

Dieser Thematik widmete sich ein Workshop im August 1995 in Libreville, Gabun, an dem renommierte Experten aus Deutschland, Europa und USA teilnahmen. Die aus den dort gehaltenen Vorträgen und Diskussionen kondensierten wissenschaftlichen Beiträge zur Epidemiologie, Pathogenese, Risikoerfassung, Prävention und Therapie der „osteoporotischen Frakturen im höheren Lebensalter" sind im vorliegenden Taschenbuch zusammengestellt.

Für an dieser Thematik interessierte Ärzte und Studenten, aber auch Gesundheitspolitiker bzw. Funktionäre der Krankenversicherungen und kassenärztlichen Vereinigungen, bietet das Buch die Möglichkeit einer sehr kompakten und aktuellen Information. Neben den wichtigen epidemiologischen Daten wurde dabei besonderes Gewicht auf die Prävention gelegt. Letztere umfaßt neben der sehr wichtigen physikalischen Behandlung und Bewegungstherapie insbesondere die Positivierung von Kalzium- und Skelettbilanz durch Kalzium- und Vitamin-D-Supplemente auch noch im fortgeschrittenen Lebensalter.

Es erscheint heute durchaus möglich, durch Aufklärung, Risikoerfassung und Ausschöpfung aller Präventionsmöglichkeiten die Inzidenz von Frakturen im Alter erheblich zu senken und damit Kosten zu dämpfen und Lebensqualität im Alter zu verbessern.

Leverkusen, März 1996 J. D. Ringe

Inhaltsverzeichnis

1. Epidemiologie und sozioökonomische Auswirkungen von seniler Osteoporose und Hüftfrakturen

C. Baudoin

Einleitung

Die deskriptive Epidemiologie der Osteoporose befaßt sich in erster Linie mit dem Auftreten von Frakturen. Von Osteoporose werden alle Skelettregionen betroffen, 3 davon wurden aber intensiv auf internationaler Ebene untersucht, da sie häufig auftreten und oft tragisch verlaufen: Frakturen der Hüfte, der Wirbel und des Unterarms. Die epidemiologische Untersuchung der Frakturen spiegelt die Osteoporose nicht exakt wider, da ihre gegenseitigen Zusammenhänge zufällig sind. Tatsächlich beruht die Zurechnung der Osteoporose zu dem Frakturprozeß auf einer Hypothese.

Wir wissen, daß diese Zurechnung mit zunehmendem Alter stark ansteigt. Zusammen mit der Unterschiedlichkeit der Frakturlokalisationen und der Vielfältigkeit der Versorgungsnetzwerke ist die Epidemiologie der Osteoporose komplex und die Qualität der Studien heterogen. Es gibt jedoch Richtlinien, die eingehalten werden sollten:

1. Die Information sollte sich auf eine genaue, allgemeine und korrekt angewandte Terminologie stützen. Häufig wird auf die Internationale Klassifikation der Krankheiten Bezug genommen.
2. Es sollte sich um eine erschöpfende Datensammlung mit korrekter Verarbeitung und Übertragung handeln.
3. Es sollten solche Patienten identifiziert werden können, über die nach einer Verlegung von einem Krankenhaus in ein anderes, nach einer erneuten stationären Aufnahme wegen postoperativer Komplikationen oder nach einer kontralateralen Fraktur mehrmals berichtet wird.
4. Einige Frakturen sollten nicht aufgezeichnet werden, entweder weil die Patienten nicht stationär behandelt werden oder weil sie gar nicht oder medikamentös behandelt werden.
5. Schließlich ist zu berücksichtigen, daß die Genauigkeit der Bewertungen von dem Umfang der untersuchten Population und der Studiendauer abhängt. Viele Studien stützen ihre Inzidenzbewertung auf einen begrenzten Einzugsbereich: eine Universiätsklinik, manchmal zusammen mit benachbarten Krankenhäusern. Solche Untersuchungen können den Vorteil haben, für eine bestimmte

Pathologie sehr spezifisch zu sein, es ist aber schwierig, den Rekrutierungsbereich des Krankenhauses zu definieren, der weder willkürlich noch opportunistisch sein und gleichbleiben sollte. Zusätzlich spiegeln diese Studien hauptsächlich das Bild einer Pathologie im städtischen Umfeld wider. Andere Studien sammeln die Daten auf regionalem Niveau und manchmal auch auf nationalem Niveau. Sie werden im allgemeinen um eine Datei organisiert, die sich nicht spezifisch auf eine Erkrankung bezieht, sondern zu verwaltungstechnischen Zwecken zentralisiert und computergestützt angelegt wurde. Die Schwierigkeit liegt dann darin, die Eignung und Genauigkeit dieser medizinischen Daten und die Umstände ihrer Aufzeichnung zu bestimmen. Darüber hinaus kann die Studiendauer sehr unterschiedlich sein: 1 – 5 Jahre, und sogar 10 Jahre und länger. Der Vorteil längerer Studien ist die Sammlung vieler Patientendaten, was aber nicht immer gleichbedeutend mit zusätzlicher Genauigkeit ist, da sich im Lauf der Zeit die Verteilung einer nosologischen Entität oder das Einzugsgebiet des Krankenhauses geändert haben können.

Hüftfrakturen

Abb. **1.1** zeigt die Inzidenz von Hüftfrakturen in Frankreich seit 1990. Die Kurven illustrieren 2 allgemeine Tatsachen:

1. Die Inzidenz steigt exponentiell mit zunehmendem Alter und
2. sie ist bei Frauen höher.

Die Inzidenz nimmt mit zunehmendem Alter kontinuierlich zu, vom jungen Erwachsenen, bei dem Frakturen ausschließlich nach heftigen Traumata auftreten, bis zu alten Frauen oder Männern, bei denen Frakturen fast ausschließlich das Ergebnis der Knochenbrüchigkeit sind. Dieser ätiologische Übergang erfolgt progressiv. Er beginnt, wie Abb. **1.1** zeigt, bei Frauen während der perimenopausalen Periode und bei Männern im höheren Alter. Ab diesem jeweiligen Alter steigt die Inzidenz exponentiell und fällt mit der fast linearen Abnahme der Knochendichte zusammen (Melton et al., 1988). Gleichzeitig wird die Stärke von Traumata (Stürzen) durch die zunehmende Häufigkeit ersetzt. Während dieser Progression verwandelt sich die Ätiologie der Frakturen von einem monofaktoriellen zu einem multifaktoriellen Status. Ohne Zweifel ist auch die Exponentialität der Inzidenz eine Reaktion auf die Multiplikation der mit zunehmendem Alter gleichzeitig bestehenden Pathomechanismen. Beide, die Pathomechanismen und deren Behandlung können Auslöser für die Stürze sein und den Knochen beeinflussen; die Knochendichte ist zusätzlich ein Kennzeichen des allgemeinen Gesundheitsstatus der Patienten (Browner et al., 1991).

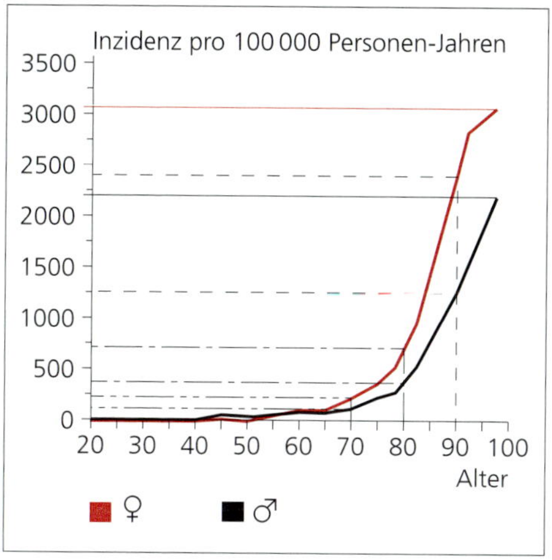

Abb. **1.1** Alters- und geschlechtsspezifische Inzidenz von Hüftfrakturen in Frankreich 1990. Die Kurven ergeben sich aus einer Datensammlung prospektiver Untersuchungen über Unfälle und Intoxikationen in der Region Aquitanien (Garros B. et al., 1989) und aus 4 spezifischen Untersuchungen des proximalen Femurs, einer retrospektiven Studie in der Region Picardie 1987 (Baudoin et al., 1993) und 3 prospektiven Untersuchungen: MEDOS Region Paris (Ile de France) und Toulouse; die PICAROS-Studie in der Region Picardie, 1992, sowie einer Untersuchung im Departement Isère. Die Daten wurden zwischen 1986 und 1993 gesammelt. Die Inzidenzraten wurden mittels der indirekten Methode (Fleiss JL, 1981) standardisiert, dabei wurde die Alters- und Geschlechtsverteilung in Frankreich aus der Volkszählung von 1990 zugrundegelegt (Quelle: INSEE: Institut National de la Statistique et des Etudes Economiques = Nationales Institut für Statistik und Wirtschaftsstudien).

In Frankreich betrug die jährliche Hüftfrakturrate bei Frauen über 20 Jahre 170 auf 100 000 und bei Männern 62 auf 100 000 mit einem Verhältnis Frauen/Männer von 2,8. Das mittlere Alter der Frauen bei einer Fraktur betrug 81,3 Jahre, Standardabweichung (SD) 9,8 Jahre, und bei den Männern 73,3 Jahre (SD = 15,3). 82 % Prozent der Patienten waren über 70 Jahre alt (87 % der Frauen und 67 % der Männer). 2 % der Frauen dieser Inzidenzkurven, die die mittlere Lebenserwartung, d. h. ein Alter von 80 Jahren erreichten, hatten bereits zuvor eine Hüftfraktur erlitten. Bei den Männern, deren mittlere Lebenserwartung 75 Jahre beträgt, betrug das Risiko 0,6 %. Anhand dieser Kurven, die sich auf eine Zusammenstellung von 6 regionalen, departementalen oder kleineren Untersuchungen stützen, können wir schätzen, daß es 1990 in Frankreich annähernd 48 000 neue Hüftfrakturen bei Patienten beiderlei Geschlechts im Alter über 20 Jahre gab.

Als einfache Folge des zunehmenden Alters der Bevölkerung wird sich die Zahl der Hüftfrakturen in Zukunft weiter erhöhen. Diese in Abb. **1.2** dargestellte Zunahme zwischen 1990 und 2050 zeigt, daß es unter Berücksichtigung der aktuellen Frakturraten im Jahr 2050 in Frankreich jährlich 145 000 neue Frakturen bei Patienten über 20 Jahre geben wird. Diese Vorhersage für 2050 stützt sich auf die aktuelle kindliche Demographie, ohne die Unsicherheit zukünftiger Geburtenraten zu berücksichtigen. Die weltweite Situation über die letzten 30 Jahre, in Abb. **1.3** zusammengefaßt, kann in 5 Punkten rekapituliert werden:

1. Weiße sind proximalen Femurfrakturen stärker ausgesetzt als Asiaten oder Schwarze.
2. In allen Ländern, mit Ausnahme von Singapur, ist die Inzidenz bei den Frauen höher.
3. Bei den Weißen ist die Disparität der Inzidenzraten groß, in den Nordischen Ländern ist sie aber höher.
4. Die Unterschiede bei den Inzidenzraten sind bei den Frauen 2mal höher (von maximal 125,1 Personenjahren in Oslo, Norwegen zu einem Minimum von 53,3 in Frankreich) als bei den Männern (Maximum von 51,4 Personenjahren in Oslo und ein Minimum von 15,9 in Oxfordshire in Großbritannien). Folglich schwankt das Inzidenzverhältnis zwischen Frauen und Männern zwischen den einzelnen Ländern sehr stark (von einem Maximum von 4,2 in Oxfordshire, England, zu einem Minimum von 2,1 in Finnland).
5. Die Inzidenz in Frankreich ist, besonders bei den Frauen, eine der niedrigsten in Nordeuropa.

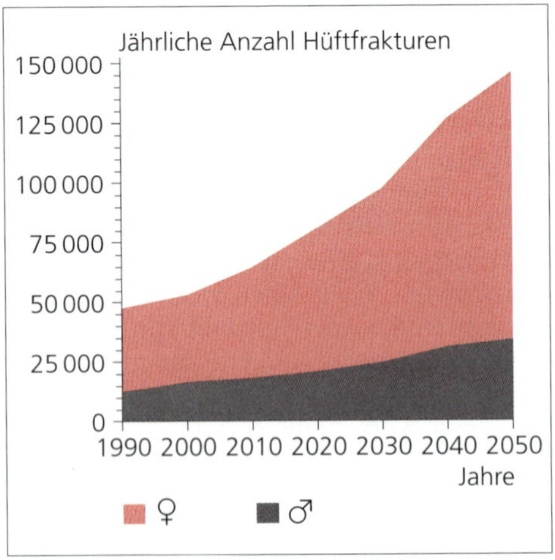

Abb. **1.2** Hochrechnung der Anzahl an Hüftfrakturen in Frankreich von 1990 bis zum Jahr 2050. Die Bevölkerungshochrechnungen stammten vom INSEE und basierten auf der Mortalitätstendenz der letzten 30 Jahre, einer Geburtenrate von 1,8 Kindern pro Frau und einer jährlichen Einwanderung von 50 000 Menschen.

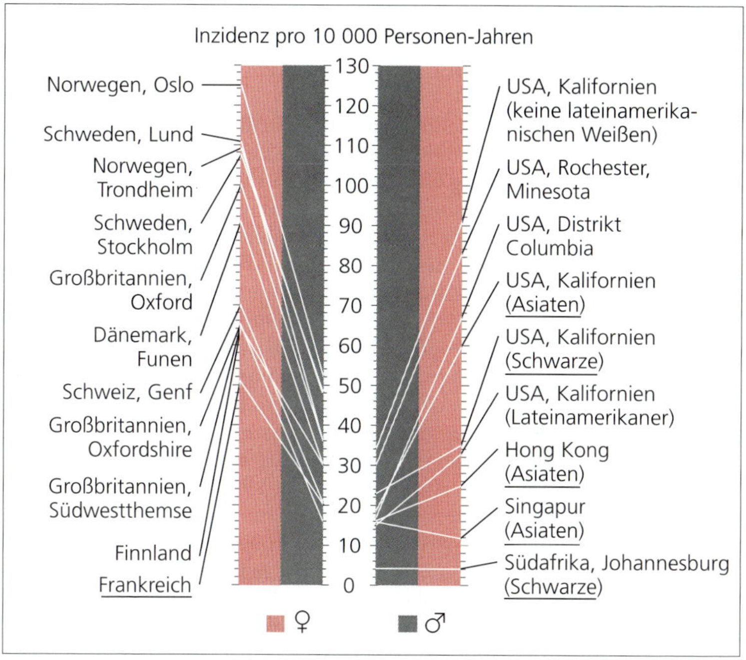

Abb. **1.3** Vergleich der Inzidenz von Hüftfrakturen in der Welt bei Patienten ab 60 Jahre. Die Inzidenzen wurden mittels der indirekten Methode standardisiert, dabei wurde die Alters- und Geschlechtsverteilung in Frankreich aus der Volkszählung von 1990 zugrundegelegt. Die Inzidenzraten bei Frauen und Männern eines Landes sind durch eine durchgehende Linie verbunden. Dänemark, Funen, 1973–1979 (Frandsen und Kruse, 1983); Finnland, Nationale Daten, 1980 (Lüthje, 1985); Frankreich (Synthese), 1990; Großbritannien, Oxford, 1983 (Boyce und Vessey, 1985); Großbritannien, Oxfordshire, 1977 (Rees, 1982); Großbritannien, Südwestliche Themse-Region, 1974 (Gallannaugh et al., 1976); Norwegen, Oslo, 1978–1979 (Falch et al., 1985); Norwegen, Trondheim, 1983–1984 (Finsen und Benum, 1987); Schweden, Lund, 1986 (Jarnlo et al., 1989); Schweden, Stockholm, 1972–1981 (Hedlund et al., 1987); Schweiz, Genf, 1987 (Nydegger et al., 1991); Südafrika, Johannesburg, 1957–1963 (Solomon, 1968), Hong Kong, 1965–1967 (Chalmers und Ho, 1970); Singapur, 1957 (Wong, 1966); USA, Kalifornien, 1983–1984 (Silverman und Madison, 1988); USA, Columbia, 1980 (Farmer et al., 1984); USA, Rochester, 1965–1974 (Gallagher et al., 1980).

Mortalität

Todesfälle nach Hüftfrakturen werden entweder während des stationären Aufenthalts gezählt oder über einen längeren Zeitraum, wofür der Einsatz spezifischer Studien oder nomineller nationaler Sterblichkeitsdaten erforderlich ist. Die Daten über Mortalität bei stationärem Aufenthalt sind recht wenig eindeutig. Diese Rechnung wird durch die Dauer der stationären Behandlung, d.h. durch eine Entscheidung, die nicht unbedingt medizinisch begründet ist oder zwischen einer medizinischen und verwaltungstechnischen Entscheidung liegt, verstümmelt. Zusätzlich verläuft das Verhältnis zwischen dem Vorkommen von Todesfällen und der Dauer der stationären Behandlung nicht geradlinig. Wir zeigten anhand von Patienten, die im Krankenhaus verstarben, daß einige von ihnen die kürzeste, andere die längste stationäre Behandlung gehabt hatten. Verglichen mit den Überlebenden erhöhten diese zentripetalen und zentrifugalen Tendenzen die unterschiedliche Dauer der stationären Behandlung von denen, die im Krankenhaus starben, nicht aber den Durchschnitt oder Mittelwert (Baudoin et al., 1993).

Die deskriptive Epidemiologie der Mortalität wird gewöhnlich in Begriffen der kumulierten Inzidenz oder des kumulierten Risikos angegeben. Für die Risikointerpretation stellt sich das Problem, eine Kontrollgruppe zu wählen. Zielt man darauf ab, die Unterschiede zwischen den Geschlechtern und Altersgruppen nachzuweisen, könnte die Kontrollgruppe aus Patienten mit der niedrigsten Mortalitätsrate nach einer Hüftfraktur bestehen. Um andererseits den Effekt von Hüftfrakturen zu zeigen, könnte die Mortalitätsrate mit einer Patientengruppe derselben Population, desselben Geschlechts und Alters verglichen werden, die keine Frakturen haben.

Abb. **1.4** zeigt das Mortalitätsrisiko nach Hüftfraktur je nach Geschlecht und Alter. Drei Tendenzen sind zu beobachten:

1. das Mortalitätsrisiko stieg mit zunehmendem Alter bei beiden Geschlechtern linear an,
2. war es unabhängig vom Alter bei Männern höher und
3. nahm der Unterschied zwischen den Geschlechtern mit fortschreitendem Alter zu.

Da die Mortalität von Personen ohne Fraktur nicht bekannt ist, weist diese Abbildung den Anteil, der einer Hüftfraktur anzulasten ist, nicht aus.

Aufgrund dieser Beobachtungen erhebt sich die Frage: In welcher Größenordnung beeinflussen Hüftfrakturen die Todesfälle? Der Übergang von einer deskriptiven zu einer erklärenden Epidemiologie hat einen Preis, nämlich die Verfügbarkeit einer Kontrollgruppe, die einen Vergleich der Ergebnisse mit Personen desselben Alters und Geschlechts ermöglicht, die keine Hüftfrakturen hatten.

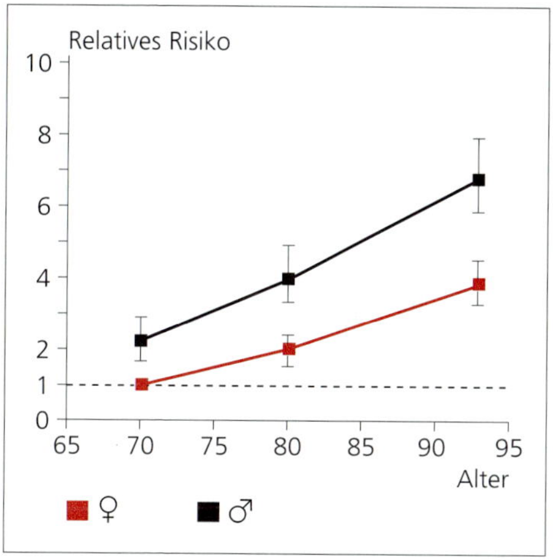

Abb. **1.4** Alters- und geschlechtsspezifisches relatives Mortalitätsrisiko nach einer Hüftfraktur. Daten aus der Medicare-Datei, New-England, (USA); 22039 proximale Frakturen wurden zwischen 1985 und 1986 beobachtet und 1–3 Jahre kontrolliert (Fisher et al., 1991). Diese Abb. berücksichtigt nur die Patienten-Untergruppe, die vor der Fraktur nicht in einem Pflegeheim lebte und keine bedeutende Begleitmorbidität aufwies. Die Risiken wurden für 60jährige Frauen errechnet, die als Kontrollgruppe gewählt wurden, da sie die niedrigste Mortalitätsrate aufwiesen.

Abb. **1.5** vergleicht die Überlebenskurve von Patienten mit Hüftfraktur mit denen einer Kontrollgruppe desselben Alters, Geschlechts und derselben Rasse.

Wir stellten fest:

- Eine Hüftfraktur führt in den ersten 6 Monaten nach der Fraktur zu einer erhöhten Mortalität, anschließend nimmt sie beständig ab. Nach einem Jahr verlaufen die Überlebenskurven von Personen mit und ohne Fraktur parallel.
- Die Überlebenskurven bestätigen den Einfluß von Alter und Geschlecht auf die Todesrate, sie werden aber sowohl bei Patienten mit Fraktur als auch in der Kontrollgruppe festgestellt.
- Die Abb. **1.5** zeigt die unterschiedliche Lebenszeitverkürzung zwischen den Gruppen mit und ohne Fraktur zu dem Zeitpunkt, an dem 85% der willkürlich gewählten Population noch am Leben sind. Der Einfluß der Fraktur auf Sterbefälle ist bei den jüngeren Patienten (zwischen 65 und 74 Jahren) bei beiden Geschlechtern und unabhängig vom Alter bei den Männern ausgeprägter.

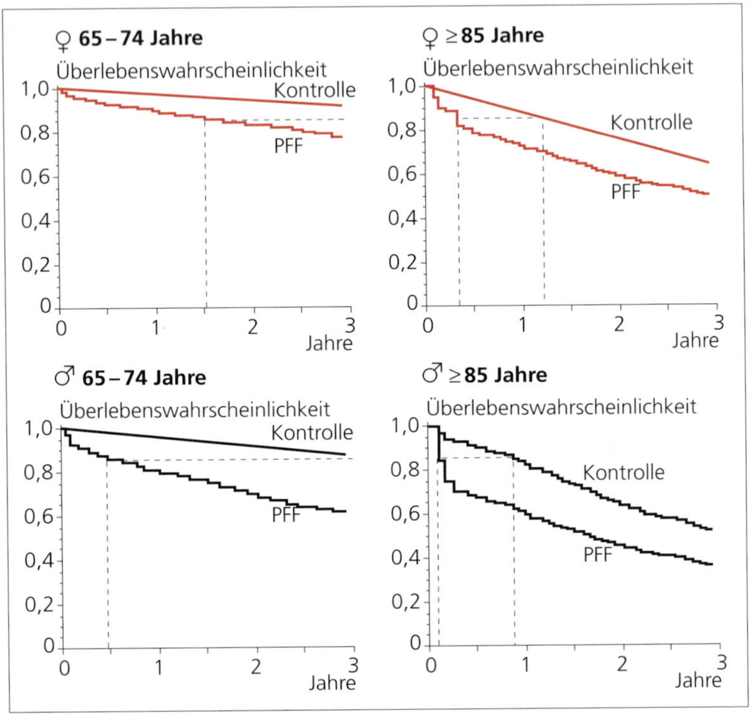

Abb. **1.5** Überlebenszeit nach einer Hüftfraktur im Vergleich zu der Population ohne Fraktur. Daten aus der Medicare-Datei (siehe Kommentar zu Abb. **1.4**). Die Kontrollen gleichen Alters, Geschlechts und gleicher Rasse wurden aus der Medicare-angegliederten Population gewählt (Fisher et al., 1991) (PFF = prox. Femurfraktur).

Unter den verschiedenen Ursachen der Mortalität nach einer Fraktur ist die erste, die in Betracht zu ziehen ist, der Gesundheitsstatus vor der Fraktur. Er könnte den o.g. Unterschied zwischen den Geschlechtern erklären. Diese Vermutung wurde durch mehrere epidemiologische Beobachtungen bestärkt, die sich u.a. auf die beiden folgenden Fragen stützte:

- Wie starben die Patienten nach einer Hüftfraktur? Eine Untersuchung beantwortete diese Frage genau (Myers et al., 1991). Es wurden die Daten von 27 370 Hüftfrakturen in den Vereinigten Staaten zwischen 1978 und 1988 bei Frauen und Männern ab 65 Jahre gesammelt, von denen 4,9 % während des Krankenhausaufenthalts verstarben. Die jeweiligen Risiken der Hauptursachen waren: Septikämie 12,3 % (95 % Konfidenzintervall: 8,3 – 18,3); Pneumonie –

Influenza 4,9% (3,9–6,1,); Erkrankungen des Verdauungssystems 3,6% (2,9–4,5); Arrhythmie 2,5% (2,1–2,9); Neoplasmen 2,4% (1,9–3,0). Kurz gesagt hob diese Studie 2 Ursachen hervor: Infektionen und den präoperativen Status. Die Sterblichkeitsursachen innerhalb eines Jahres wurden häufig untersucht. Dabei wurde deutlich, daß der Gesundheitszustand vor der Fraktur und der geistige Zustand die Hauptrisiken für Todesfälle nach einer Fraktur waren (Mullen, 1992).

Welches Sterberisiko haben Patienten mit geringer Knochenmineraldichte ohne Fraktur? Eine prospektive nordamerikanischen Studie beantwortete die Frage, nachdem sie 9704 Frauen im Alter ab 65 Jahre untersucht hatte (Browner et al., 1991). Während des 3jährigen Follow-up kam es zu 299 Todesfällen. Die Autoren beobachteten, daß eine Osteopenie mit einer Zunahme der nicht traumatischen Mortalität, insbesondere Schlaganfall verbunden war. Genauer gesagt war jede Abnahme der Knochenmineraldichte des proximalen Radius um 0,1 g/cm² mit einer 1,2fachen Zunahme der Mortalität verbunden (KI 95% 1,04–1,36). Sie schlossen daraus, daß der Knochen ein Kennzeichen des Gesundheitsstatus, von Faktoren in Zusammenhang mit chronischen Krankheiten oder eines schlechten Gesundheitsstatus sein kann. Diese Schlußbetrachtung weist auf die multifaktoriellen Bedingungen der Fraktur und insbesondere deren Folgen hin.

Wirbelkörperbrüche

Die Epidemiologie von Wirbelkörperbrüchen verwendet 2 dokumentierte Rekrutierungs- und Informationsquellen: die Radiographie und die stationäre Behandlung. Da der Frakturprozeß anscheinend gleichbleibend progressiv und heimtückisch verläuft, ist die Analyse von Wirbelkörperbrüchen der Stolperstein in der Epidemiologie der Osteoporose:

- Eine stationäre Behandlung ist selten und erfolgt als letzter Schritt.
- Der Eintritt von Wirbelkörperbrüchen verursacht gewöhnlich keine klinischen Symptome oder irgendwelche Informationen, die systematisch gesammelt werden könnten, die Informationssammlung erfolgt prospektiv mit dem Risiko einer nicht repräsentativen Rekrutierung und beträchtlichen Kosten.
- Der Beginn radiologischer Symptome kann zeitlich nicht genau bestimmt werden, Untersuchungen liefern Prävalenzraten, während Inzidenzstudien ein teures und langes Follow-up erfordern.
- Die Kategorisierung eines anscheinend kontinuierlichen Prozesses stellt Definitionsprobleme: Was ist ein Wirbelkörperbruch?

Radiologische Frakturraten

Klinische radiologische Kriterien von Wirbelkörperbrüchen waren Gegenstand einer umfangreichen Literatur. Diese ist aber trotz ihrer Klarheit und ihrem klinischen Nutzen subjektiv. Unter epidemiologischem Gesichtspunkt kann ihre Zuverlässigkeit, obgleich nachgewiesen, in größeren Untersuchungen generell problematisch werden. Daher entscheiden sich viele Autoren dafür, Wirbeldeformationen zu quantifizieren, indem einige Messungen radiographisch durchgeführt werden. Sie profitieren von der Entwicklung von Mikrocomputern, die digitalisierte Messungen äußerster Präzision (1/100stel mm) zu geringen Kosten ermöglichen. Um die unterschiedlichen Körpergrößen der Patienten zu berücksichtigen, werden diese Messungen als proportionale Verhältnisse analysiert: Beispielsweise wird das Höhenverhältnis Vorderseite/Rückseite für jeden Wirbel berechnet. Diese Methode ist in langfristig angelegten Studien interessant: Sie ist das Hauptkriterium für die rasche Bewertung der Effekte einer neuen Behandlung.

Abgesehen von der deskriptiven Epidemiologie haben jedoch die zahlreichen vorgeschlagenen Berechnungsmethoden das Problem nicht gelöst, es wurde nur verlagert: Was unterscheidet eine Wirbeldeformation von einer Fraktur? Diese Frage ist um so begründeter, als einige Deformationen reversibel zu sein scheinen (Nelson et al., 1994).

Zur Kategorisierung der Patienten griffen die Epidemiologen, die gezwungen waren, einen Schwellenwert zu definieren, der die Wirbel in normal deformiert oder komprimiert unterteilt, wieder auf das Prinzip und die Stabilität eines qualitativen Kriteriums zurück. Die Ergebnisse lassen sich anhand einer Studie mit 144 Männern im Alter zwischen 34 und 94 Jahren illustrieren (Portland, Oregon, USA, Mann et al., 1992), von denen 28 % den Radiologen zufolge eine Wirbelkompression aufwiesen. Entsprechend des o. g. Verhältnisses: 90 % der Patienten wiesen einen Quotienten unter 0,85 auf, 62 % unter 0,80, 32 % unter 2 Standardabweichungen (SD) vom Mittelwert und 10 % unter 3 SD. Die deutliche prozentuale Abnahme von Patienten mit ähnlichen Quotienten zeigt die Schwierigkeit, einen Schwellenwert zu definieren. Aus diesem Grund wurden verschiedene Schwellenwerte vorgeschlagen. Die Unterschiedlichkeit dieser Vorschläge zeigt, daß die Wahl konsensuell bleibt und zu fragmentarischen epidemiologischen Schlußfolgerungen führt.

Von der radiologisch erkannten zur stationär behandelten Fraktur

Abb. **1.6** zeigt auf zwei verschiedene Arten erhobene Inzidenzraten von Wirbelfrakturen. Sie stellt die Kurven radiographisch diagnostizierter Frakturinzidenzen den Frakturen gegenüber, die einer stationären Be-

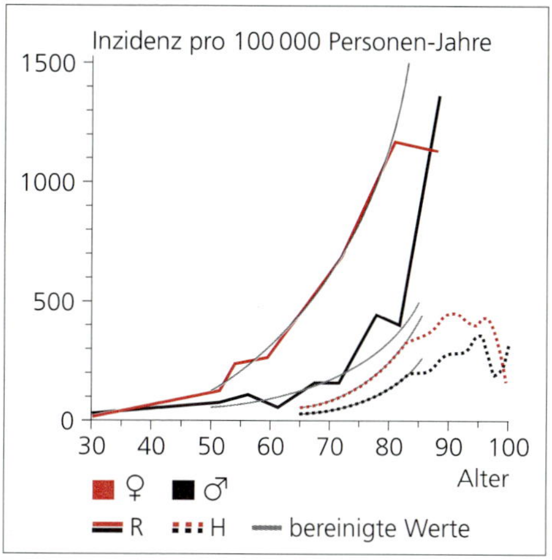

Abb. **1.6** Inzidenz radiologisch diagnostizierter (R) (Melton et al., 1992) und stationär behandelter Wirbelkörperbrüche (H) (Jacobsen et al., 1992) unter weißen Patienten in den Vereinigten Staaten. Die gepunkteten Kurven zeigen die exponentiellen Regressionen der Inzidenz je nach Alter 1. bei den radiologischen Frakturen bei Frauen ($y = e^{0,074x + 1,078}$) und Männern ($y = e^{0,076x - 0,25}$), 2. bei stationär behandelten Frakturen bei Frauen ($y = e^{0,114x - 3,52}$) und Männern ($y = e^{0,115x - 4,22}$).

handlung bedurften. Die Daten der radiologischen Inzidenz stammen von 341 Frakturfällen, die zwischen 1985 und 1989 während einer Untersuchung in Rochester, Minnesota, aus den Berichten von Radiologen gesammelt wurden (Melton et al., 1992). Die Daten der Krankenhausinzidenz stammten von der nationalen Medicare-Datei, die zwischen 1986 und 1989 149 091 Fälle von Wirbelkörperbrüchen in der weißen Bevölkerung sammelte (Jacobsen et al., 1992). Wir stellen 2 allgemeine Merkmale fest:

1. bei Frauen treten Frakturen häufiger auf,
2. die Zunahme verlief bis zum Alter von 85 Jahren exponentiell.

Unter ökonomischem Gesichtspunkt weisen Klinikuntersuchungen die direkten Kosten aus, die vom Gesundheitssystem getragen werden, auch wenn sie unter klinischem Gesichtspunkt die Inzidenz von Osteoporose signifikant unterschätzen. Dies führt zu der Frage: Besteht eine Verbindung zwischen der Inzidenz stationär behandelter und radiologisch erkannter Frakturen? Zur Beantwortung dieser Frage kann man, wie in Abb. **1.6** gezeigt, die Entwicklung der Inzidenz unter Verwendung einer exponentiellen Regression beschreiben und alle Daten anhand von 2 Regressionsparametern zusammenfassen: Neigung und Intercept.

Anhand der in Abb. **1.6** gezeigten Gleichungen schätzen wir, daß im Alter von 65 Jahren der Anteil stationär behandelter Frauen mit radiologisch erkannter Fraktur 13 % betrug und mit 85 Jahren 30 %. Bei den Männern betrugen diese Prozentsätze 23 % bzw. 48 %. Man kann daraus ableiten daß,

- der Anteil stationär behandelter Wirbelkörperbrüche unter den radiologisch erkannten Frakturen bei den Männern unabhängig vom Alter höher lag,
- zwischen 65 und 85 Jahren dieser Anteil bei beiden Geschlechtern um das Doppelte zunahm, je nach Alter als quasi lineare Zunahme.

Trotz des eindrucksvollen Umfangs der Medicare-Stichprobe gibt es einige Vorbehalte (Baron und Karagas, 1992): Welche klinische Realität haben die Diagnose und ihre Codierung? Ist es legitim, die Anzahl stationärer Behandlungen mit der Volkszählung der Amerikanischen Bevölkerung zu vergleichen, vorausgesetzt, daß die Patientenzahl, insbesondere über 60 Jahre, Medicare nicht angegliedert ist? Haben weiße und schwarze Patienten dieselbe Wahrscheinlichkeit, Medicare angegliedert zu werden?

Sonstige Frakturstellen

Andere Frakturstellen, wie der distale Unterarm oder der Knöchel, wurden nur am Rande untersucht. Unabhängig von der geographischen Quelle dieser Daten zeigt Abb. **1.7** große Unterschiede der Konfigurationen bei Frauen und Männern. Bei beiden Geschlechtern jedoch bleibt trotz der Unterschiede die Ähnlichkeit altersspezifischer Inzidenzen erhalten, insbesondere die Ähnlichkeit der Anlage der Unterarm- und Hüftfrakturen. Bei Männern über 20 Jahre war die Inzidenz von Unterarmfrakturen mit einer fast linearen und flachen Verteilung gering. Bei den Frauen lassen sich 3 Perioden unterscheiden:

1. niedrige Raten mit flacher Verteilung bis zum Alter von 40 Jahren,
2. gefolgt von einer starken Zunahme der Inzidenz zwischen 40 und 60 Jahren, dann
3. ab 60 Jahren erneut eine stabile Phase mit hohen Raten. Diese Periode wurde als Typ-I- oder postmenopausale Osteoporose qualifiziert (Riggs und Melton, 1983). Nach dem 75. Lebensjahr war bei beiden Geschlechtern über die Frakturinzidenz wegen der hohen Inzidenz der Hüftfrakturen (Typ-II- oder senile Osteoporose) nichts bekannt.

Abb. **1.7** Inzidenz von Unterarmfrakturen, verglichen mit proximalen Femurfrakturen. Daten aus 4 geographischen Gebieten: 1. Rochester, Minnesota (USA). Hüftfrakturen: 1950–1982; Unterarmfrakturen: 1945–1974 (Melton et al., 1992). 2. Malmö (Schweden) (Alffram et al., 1962). 3. Newcastle upon Tyne (Großbritannien) Unterarmfrakturen: 1982, 655 Patienten (Miller et al., 1985). 4. Malta, 1987–1989, Femurfrakturen: 609, Radiusfrakturen: 2729 (Baron et al., 1994).

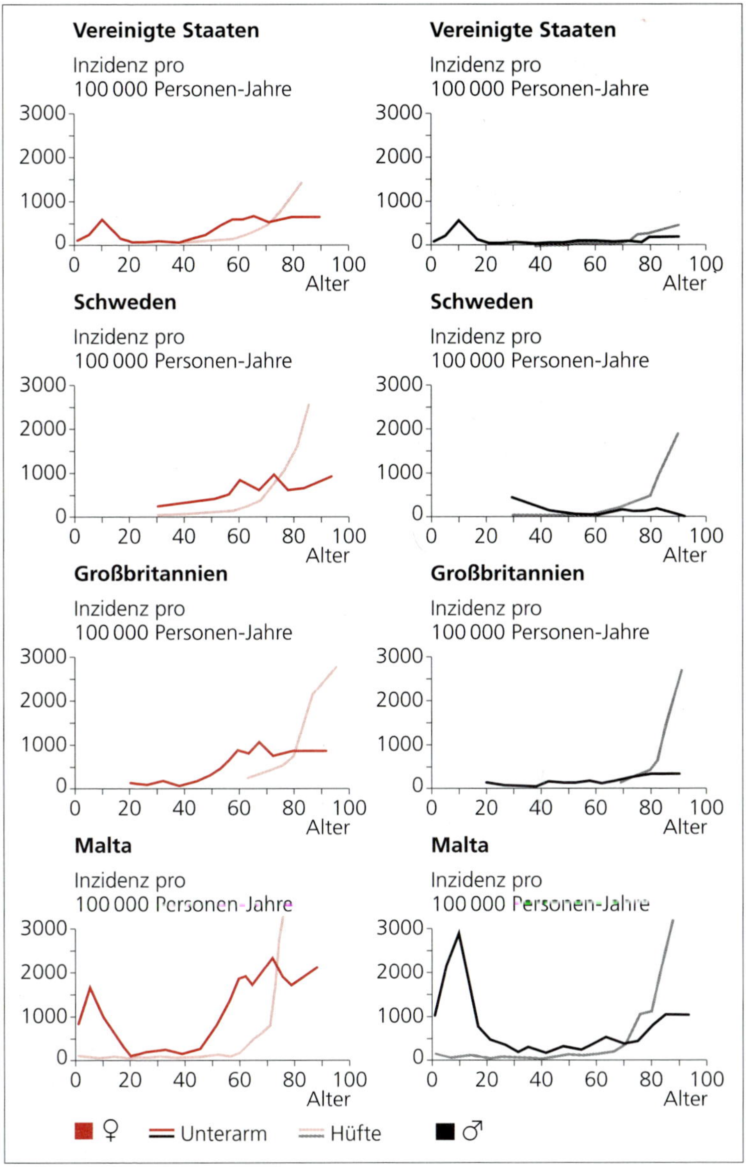
Vereinigte Staaten
Inzidenz pro
100 000 Personen-Jahre
3000
2000
1000
0
0
20
40
60
80
100
Alter
Vereinigte Staaten
Inzidenz pro
100 000 Personen-Jahre
Schweden
Inzidenz pro
100 000 Personen-Jahre
Schweden
Inzidenz pro
100 000 Personen-Jahre
Großbritannien
Inzidenz pro
100 000 Personen-Jahre
Großbritannien
Inzidenz pro
100 000 Personen-Jahre
Malta
Inzidenz pro
100 000 Personen-Jahre
Malta
Inzidenz pro
100 000 Personen-Jahre
♀
Unterarm
Hüfte
♂

Abb. **1.7**

Die säkulare Zunahme osteoporotischer Frakturen

Viele Untersuchungen haben gezeigt, daß die jährliche Frakturinzidenz bezogen auf Geschlecht und Alter im Lauf der letzten 50 Jahre zugenommen hat. Diese Zunahme wurde an mehreren Skelettstellen beobachtet. Am proximalen Femur sind Männer stärker betroffen. Dies wurde aus mehreren Europäischen Ländern, den Vereinigten Staaten und Kanada berichtet.

Mehrere Erklärungen wurden vorgeschlagen, von denen keine vorherrschend war: Die Zunahme könnte das Ergebnis einer systematischeren Anwendung der chirurgischen Behandlung der ältesten Patienten, einer weiter gefaßten Definition der Hüftfraktur oder einer besseren Strukturierung der Informationssammlung sein (Dargent und Bréart, 1993). Andere Hypothesen beziehen sich auf die Änderungen im Lebensstil während dieses letzten Vierteljahrhunderts: Wir können den Rückgang körperlicher Aktivität verzeichnen, sowohl im beruflichen Sektor (Automatisierung der primären und sekundären Industrie, die proportionale Zunahme der Berufe in der tertiären Industrie) als auch in der Freizeit (die vielen Stunden vor dem Fernseher) oder zu Hause (die systematische Benutzung des Autos selbst für kurze Strecken). Es wurde jedoch nie klar nachgewiesen, daß der Rückgang der körperlichen Aktivität eine wichtige Rolle bei der Entwicklung der Osteoporose spielt. Man könnte mehrere Hypothesen bezüglich der Ernährung heranziehen:

- Veränderte Eßgewohnheiten über die letzten 40 Jahre.
- Spätfolgen von kriegsbedingtem Ernährungsmangel.
- Veränderte Adipositasprävalenz und deren sowohl vor Erschütterung sichernden als auch hormonellen frakturhemmenden Effekte.
- Alkohol- und Tabakkonsum.

Weitere Hypothesen könnten mit den medizinischen Effekten verbunden sein:

- Der spontane, übermäßige und unkontrollierte Gebrauch von Psychopharmaka,
- die längere Lebenserwartung, die nicht gleichbedeutend sein kann mit längerer Lebenserwartung ohne Gesundheitsstörung.

Der Zusammenhang zwischen den Frakturen

Es gibt Personen, die wegen ihrer Knochenbrüchigkeit und/oder ihrer Neigung, zu stürzen, den Frakturrisiken früher ausgesetzt sind. Man könnte sich daher fragen, ob im Sinn einer Wahrscheinlichkeitsrechnung das Auftreten einer Fraktur ein Vorzeichen für weitere Frakturen ist. Mehrere Studien stützen diese Hypothese. Schwedische Autoren beispielsweise (Mallmin et al., 1993) analysierten 1649 Patienten, die zwischen 1968 und 1972 eine Fraktur des distalen Unterarms erlitten. Wieviele von ihnen hatten später eine Hüftfraktur? 1338 dieser Patienten wurden bis 1991 medizinisch kontrolliert. Das Risiko wurde zwischen 1968 und 1972 im Vergleich zu der Anzahl Hüftfrakturen bei 1338 Kontrollpatienten gleichen Alters und Geschlechts ohne Unterarmfraktur errechnet, die am selben Ort lebten.

Es ergab sich folgende Schlußfolgerung: Bei Männern mit vorheriger Fraktur war das Risiko für eine Hüftfraktur 2,3mal höher, bei Frauen 1,5mal.

Schlußbetrachtung

Trotz der zahlreichen veröffentlichten Daten aus aller Welt über die verschiedenen Aspekte osteoporotischer Frakturen bleibt das Ausmaß des Problems zu einem bestimmten Zeitpunkt an einem bestimmten Ort schwer zu bewerten.

Diese epidemiologischen Studien sind jedoch auf zwei Ebenen informativ und erfüllen daher eine doppelte Funktion. Die eine ist qualitativ und medienwirksam: Die aktuellen und zukünftigen Inzidenz- und Prävalenzraten der Osteoporose sind eindrucksvoll; sie verdienen es, daß die im Gesundheitswesen tätigen Berufe über das Ausmaß des Problems und den dringenden Bedarf entsprechender Präventivmaßnahmen informiert werden. Über die Bedeutung der Botschaft gibt es keinen Zweifel.

Die andere Information ist numerischer Art und für die Planung des Gesundheitsvorsorgesystems gedacht. Im Rahmen der Kosten-/Nutzen-Entscheidungen angesichts von Therapiealternativen wie einer Hormonersatztherapie, die über viele Jahre an eine stark wachsende Population verabreicht wird, muß das erste Ziel die sinkende Tendenz der Frakturzahlen und deren Folgen sein, deren Daten die deskriptive Epidemiologie liefert. Gegenwärtig hat diese Rechnung viele Unbekannte und bleibt daher ein wichtiges Forschungsthema.

Danksagung: Ich möchte mich bei Herrn Dinh (INSEE, Paris), Dr. Garros (ORSA, Bordeaux), Prof. Juvin (Michalon-Krankenhaus, Grenoble), Dr. Hatton (INSERM, Le Vésinet), Dr. Miravet (Lariboisière-Krankenhaus, Paris) und Prof. Ribot (Purpan-Krankenhaus, Toulouse) bedanken, die mir ihre Daten zur Verfügung stellten.

Literatur

Alffram P, Bauer GCH: Epidemiology of fractures of the forearm. J Bone Joint Surg 44 A: 105–114 (1962)

Baron JA, Karagas MR: Medicare studies of vertebral fractures. Epidemiology 3: 475–476 (1992)

Baudoin C, Fardellone P, Potard V, Sebert JL: Fractures of the proximal femur in Picardy, France, in 1987. Osteoporosis Int 3,1: 43–49 (1993)

Boyce WJ, Vessy MP: Rising incidence of fracture of the proximal femur. Lancet 1: 150–151 (1985)

Browner WS, Seeley DG, Vogt TM, Cummings SR: Non-trauma mortality in elderly women with low bone mineral density. Lancet 338: 355–358 (1991).

Chalmers J, Ho KG: Geographical variations in senile osteoporosis. J Bone Joint Surg 52 B,4: 667–675 (1970)

Dargent P, Bréart G: Increasing number of hip fractures: are the elderly at greater risk of hip fracture today than yesterday? Facts and Research in Gerontology 7: 207–216 (1993)

Falch JA, Ilebekk A, Slungaard U: Epidemiology of hip fractures in Norway. Acta Orthop Scand 56: 12–16 (1985)

Farmer ME, White LR, Brody JA, Bailey KR: Race and sex differences in hip fracture incidence. Am J Public Health 74, 12: 1374–1380 (1984)

Finsen V, Benum P: Changing incidence of hip fractures in rural and urban areas of central Norway. Clin Orthop 218: 104–110 (1987)

Fisher ES, Baron JA, Malenka DJ, Barrett JA, Kniffin WD, Whaley FS, Bubolz TA: Hip fracture incidence and mortality in New England. Epidemiology 2,2: 116–122 (1991)

Fleiss JL: Statistical methods for rates and proportions. J Wiley and Sons Ed. Section Edition. (1985)

Frandsen PA, Kruse T: Hip fracture in the county of Funen, Denmark. Implications of demographic aging and changes in incidence rates. Acta Orthop Scand 54: 681–686 (1983)

Gallagher JC, Melton LJ, Riggs BL, Bergstrath E: Epidemiology of fractures of the proximal femur in Rochester, Minnesota. Clin Orthop 150: 163–171 (1980)

Gallannaugh SC, Martin A, Millard PH: Regional survey of femoral neck fractures. BMJ 2: 1496–1497 (1976)

Garros B, Brice L, Tiret L, Nicaud V: Les accidents et intoxications graves en Aquitaines en 1986. Les accidents domestiques. ORSA-INSERM, juin 1989. Raport interne.

Hedlund R, Lindgren U., Ahlbom A: Age and sex-specific incidence of femoral neck and trochanteric fractures. Clin Orthop 222: 132–139 (1987)

Jacobsen SJ, Cooper C, Gottlied MS, Goldberg J, Yahnke DP, Melton III LJ: Hospitalization with vertebral fracture smog the aged: a national population-based study, 1986–1989. Epidemiology 3: 515–518 (1992)

Jarnlo GB, Jakobsson B, Ceder L, Thorngren KG: Hip fracture incidence in Lund, Sweden, 1966–1986. Acta Orthop Scand 60: 278–282 (1989)

Lüthje P: Incidence of hip fracture in Finland. A forecast for 1990. Acta Orthop Scand 56: 223–225 (1985)

Mallmin H, Ljunghall S, Persson I, Naessen T et al.: Fracture of the distal forearm as a forecaster of subsequent hip fracture: a population-based cohort study with 24 years of follow-up. Calcif Tissue Int 52: 269–272 (1993)

Mann T, Oviatt SK, Wilson D, Nelson D et al.: Vertebral deformity in men. J Bone Miner Res 7,11: 1259–1265 (1992)

Melton LJ III, Chrischilles EA, Cooper C, Lane AW, Riggs BL: How many women have osteoporosis? J Bone Miner Res 7: 1005–1010 (1992)

Melton LJ III, Kan SH, Wahner HW, Riggs BL: Lifetime fracture risk: an approach to hip fracture risk assessment based on bone mineral density and age. J Clin Epidemiol 10: 985–994 (1988)

Miller SMW, Grimley Evans J: Fractures of the distal forearm in Newcastle: an epidemiological survey. Age Ageing 14: 155–158 (1985)

Mullen JO, Mullen NL: Hip fracture mortality. A prospective, multifactorial study to predict and minimize death risk. Clin Orthop Rel Res 280: 214–222 (1992)

Meyers AH, Robinson EG, Van Natta ML, Michelson JD, Collins K, Baker SP: Hip fractures among the elderly: factors associated with in-hospital mortality. Am J Epidemiol 134, 10: 1128–1137 (1991)

Nelson DA, Kleerekoper M, Peterson EL: Reversal of vertebral deformities in osteoporosis: measurement error or rebound. J Bone Miner Res 9, 7: 977–982 (1994)

Nydegger V, Rizzoli R, Rapin CH, et al.: Epidemiology of fractures of the proximal femur in Geneva: incidence, clinical and social aspects. Osteoporosis Int 2: 42–47 (1991)

Rees JL: Secular changes in the incidence of proximal femoral fracture in Oxfordshire: a preliminary report. Community Med 4: 100–103 (1982)

Ribot C, Miravet L, Chaumet-Riffaud Ph: Données épidémiologiques des fractures du col du fémur en France: résultat préliminaires de l'étude MEDOS. In: La fracture de l'extrémité supérieure du fémur. Simon L, Vidal J, Hérisson Ch, Sebert JL, Marcelli C. Ed. Masson. Paris. Collection de la pathologie locomotrice 20: 221–227 (1991)

Riggs BL, Melton LJ III: Evidence for two distincts syndromes of involutional osteoporosis. Am J Med 75: 899–901 (1983)

Silverman SL, Madison RE: Decreased incidence of hip fracture in Hispanics, Asians, and blacks: California Hospital Discharge Data. Am J Public Health 78: 1482–1483 (1988)

Solomon L: Osteoporosis and fracture of the femoral neck in the South African Bantu. J Bone Joint Surg 50 B, 1: 2–13 (1968)

Wong PC: Fracture epidemiology in a mixed Southeastern Asian community (Singapore). Clin Orthop 45: 55–61 (1966)

2. Kalziumzufuhr: ein lebenslanges Problem

B. Dawson-Hughes

Einleitung

Eine adäquate Kalziumzufuhr ist für das Knochenwachstum und den Knochenerhalt wesentlich. Kalzium ist nicht nur ein Substrat für die Knochenbildung, es hemmt durch seine suppressive Wirkung auf die Parathormon-Blutspiegel auch die Knochenresorption. Im vorliegenden Kapitel möchte ich die Hinweise dafür untersuchen, daß die Kalziumaufnahme die Knochenwachstumsrate bei Kindern und die Knochenwachstumsrate und osteoporotischen Frakturen beim Erwachsenen beeinflußt. Die meisten verfügbaren Informationen stammen aus randomisierten kontrollierten Kalziumstudien, bei denen Änderungen der Knochenmineraldichte (KMD) gemessen wurden; mehrere neuere Studien bei älteren postmenopausalen Frauen haben aber auch die Frakturraten untersucht. Schließlich werden die neueren Hinweise untersucht, wonach die Kalziummenge, die bei Frauen in der Postmenopause erforderlich ist, um den Knochenschwund zu minimieren, erblich beeinflußt sein könnte.

Kinder und Jugendliche

Die maximale Knochenmasse ist ein wichtiger Prädiktor für spätere osteoporotische Frakturen. Folglich werden in der Forschung beträchtliche Anstrengungen unternommen, um das Alter, in dem die maximale Knochenmasse erreicht wird, und die entscheidenden Faktoren für diese maximale Knochenmasse zu bestimmen. Das Alter, in welchem das Skelett seine maximale Dichte erreicht, scheint kulturell zu schwanken und liegt in der Spanne zwischen 18 und 30 Jahren. Vererbung ist der wichtigste bestimmende Faktor für die maximale Knochenmasse, er ist für etwa 80 % der Schwankungen verantwortlich. Zu den verbleibenden Veränderlichkeiten scheinen sowohl Kalzium als auch Körpertraining beizutragen.

Drei kontrollierte Studien weisen nach, daß die Kalziumzufuhr die Mineralisationsrate bei Kindern beeinflußt. In einer Zwillingsstudie stellten Johnston et al. fest, daß eine Supplementation mit etwa 700 mg Kalzium pro Tag die KMD im Radiusschaft von Jungen und Mädchen vor der Pubertät leicht erhöhte, bei Jugendlichen aber weniger wirkungsvoll war [1]. Im Gegensatz dazu stellte Lloyd durch 500 mg Kalziumzusatz eine mäßige, aber signifikant gute Wirkung auf die Wirbelsäule bei 14-jährigen Mädchen fest [2].

Chan und seine Kollegen [3] dehnten vor kurzem diese Beobachtungen aus, indem sie in einer randomisierten Studie mit 48 Mädchen in Stadium 2 der Geschlechtsentwicklung (nach Tanner) aus der Nahrung stammendes Kalzium für die Untersuchung verwendeten. Über eine einjährige Periode erreichten Mädchen, deren Nahrung täglich mit Milchprodukten auf eine Gesamt-Kalziumzufuhr von 1400 mg ergänzt wurde, höhere Zunahmen der KMD der Wirbelsäule (Abb. **2.1**) und des gesamten Körpers als die Mädchen der Kontrollgruppe, deren selbstgewählte Kalziumaufnahme etwa 700 mg pro Tag betrug. Da angereicherte Milch in den USA, wo diese Studie durchgeführt wurde, die Hauptquelle für Vitamin D ist, hatte die Gruppe mit Nahrungsergänzung auch eine höhere Vitamin-D-Zufuhr (288 vs 128 IE pro Tag) als die Kontrollgruppe. Der vermehrte Verzehr von Milchprodukten führte in dieser Studie nicht zu höherer Gewichtszunahme oder zu erhöhtem Körperfett.

Eine Konsensus-Entwicklungskommission des Nationalen Gesundheitsinstituts der USA (NIH) empfahl kürzlich, Kinder im Alter zwischen 6 und 10 Jahren sollten täglich 800–1200 mg Kalzium und Kinder und Jugendliche im Alter zwischen 11 und 24 Jahren 1200–1500 mg pro Tag zu sich nehmen [4]. In den Vereinigten Staaten liegt der aktuelle Verzehr weit unter diesen Werten.

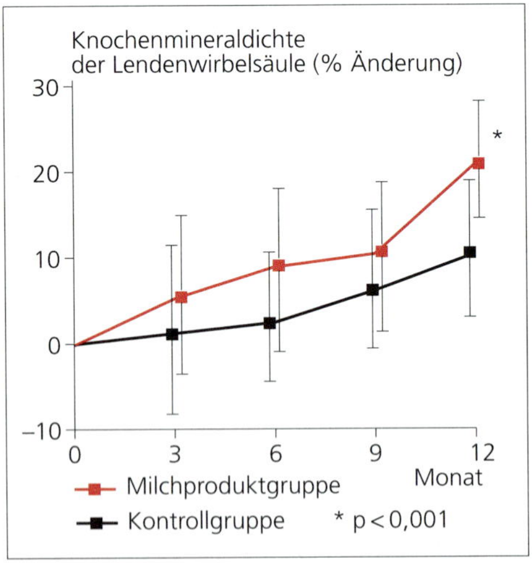

Abb. **2.1** Veränderung der Knochendichte der Lendenwirbelsäule in der Diät- und der Kontrollgruppe (Mittelwert ± Standardabweichung). Mit freundlicher Genehmigung der Arbeit Chan [3] entnommen.

Zunahmen der Mineralisationsraten bei Kindern, die über einen Zeitraum von 1–3 Jahren untersucht wurden, lassen vermuten, ohne dies aber natürlich zu beweisen, daß ihre maximale Knochenmasse durch Kalzium beeinflußt wird. Über einen anderen Zugangsweg schätzte eine neuere retrospektive Studie die Kalziummenge, die 30- bis 39jährige Frauen als Teenager aufgenommen hatten, und stellte fest, daß die Frauen, die im Teenageralter mindestens 1200 mg Kalzium täglich konsumierten, 6% mehr Knochenmasse am proximalen Femur hatten als Frauen, die eine geringe Kalziumversorgung gehabt hatten [5].

Übereinstimmend ist es augenscheinlich so, daß die maximale Knochenmasse durch Kalziumaufnahmemuster des Kinder- und Jugendalters beeinflußt wird. Während nur wenige Daten vorliegen, die diese Frage definitiv beantworten lassen, gibt es gegenwärtig Hinweise darauf, daß es wichtig ist, an einer höheren Kalziumzufuhr konsequent festzuhalten. Die günstigen Kalziumwirkungen scheinen nachzulassen, wenn Kinder die hohe Kalziumaufnahme nicht fortsetzen.

Frauen in der Postmenopause

Der Östrogenverlust in der Menopause löst eine etwa 5jährige Periode raschen Knochenschwunds aus. Während dieser Zeit ist das Skelett gegen eine Intervention mit Kalzium relativ resistent. Knochenschwund durch Östrogenmangel leitet Kalzium in die Extrazellularflüssigkeit, dadurch werden die Blutspiegel von Parathormon (PTH) und 1,25-Dihydroxyvitamin-D (1,25[OH]$_2$D) gesenkt, was wiederum die Effizienz der Kalziumresorption verringert. Es ist somit nicht überraschend, daß diese Abfolge durch eine Kalziumsupplementation nicht vollständig umkehrbar ist.

Es wurden viele randomisierte Kalziumstudien bei Frauen durchgeführt, die die Postmenopause früh erreichten. Die Studienpopulationen unterschieden sich hinsichtlich der selbstgewählten Kalziumaufnahme und der Dosierungen der Kalziumergänzung erheblich. Im allgemeinen weisen die Studien einen positiven Behandlungseffekt im ersten Jahr nach (vermutlich aufgrund der closure of remodeling space).

Kortikalisreiche Bezirke wie Radius und Ganzkörper profitieren nach dem ersten Jahr im allgemeinen mäßig im Sinn einer Kumulation, während die bälkchenreiche Wirbelsäule dies nicht tut. An der klinisch bedeutsamen, gemischt kortikal-/bälkchenreichen Stelle, dem Oberschenkelhals, wies Aloia einen andauernden positiven Effekt von Kalzium nach [6]. In dieser Studie wurden hohe Kalziumdosen eingesetzt, 1700 mg täglich, und jeder Behandlungsarm erhielt täglich 400 IE Vitamin D. Das Vitamin D war wahrscheinlich wichtig, um die Nutzung der Kalziumsupplemente zu verbessern.

5–8 Jahre nach der Menopause sinkt die Knochenverlustrate von durchschnittlich 3 % jährlich auf etwa 1 % pro Jahr. Der Knochenschwund scheint sich bei den Frauen dann bis zum Lebensende auf diesem Niveau zu halten. Mit zunehmendem Alter treten mehrere physiologische Änderungen auf, die die Anforderungen an die Kalziumzufuhr beeinflussen. Die Effizienz der Kalziumresorption nimmt ab. Die Mechanismen dieser Abnahme sind nicht geklärt, es scheint aber eine gesteigerte Darmresistenz gegenüber der Wirkung von $1{,}25(OH)_2D$ zu geben. Die abnehmende Resorption senkt die Konzentration an ionisiertem Kalzium im Blut, erhöht den zirkulierenden PTH-Spiegel und die Knochenresorption. Durch eine höhere Kalziumzufuhr wird die PTH-Konzentration gesenkt und die Knochenumsatzrate reduziert.

Zwei neuere Berichte stützen frühere Anzeichen dafür, daß eine Kalziumsupplementation den Knochenschwund bei Frauen gegen Ende der Postmenopause reduziert. In einer 2jährigen, randomisierten, kontrollierten Studie bei Frauen länger als 10 Jahre nach der Menopause [7] reduzierte eine Ergänzung mit 1000 mg Kalzium, entweder als Lactat-Gluconat oder Milchpulver, den Knochenschwund des ultradistalen Knöchels signifikant (Tab. **2.1**). Am Oberschenkelhals reduzierte die Kombination von Kalziumtabletten und Körpertraining (4 Stunden Gewichtheben pro Woche) den Knochenschwund signifikant, während Kalzium allein nur einen mäßigen, statistisch nicht signifikanten Effekt hatte. Die selbstgewählte Ernährung der Studienpopulation enthielt etwa 800 mg Kalzium pro Tag.

Reid und Kollegen [8] berichteten kürzlich über die Ergebnisse einer verlängerten Kalziumstudie. Sechsundachtzig von 122 Frauen, die bis zum Ende an der 2jährigen Originalstudie teilgenommen hatten, setzten diese weitere 2 Jahre blind fort. Die Frauen, deren durchschnittliche Kalziumzufuhr mit der Ernährung etwa 700 mg pro Tag betrug, wurden entweder mit Plazebo oder 1000 mg elementaren Kalziums in Form von

Tab. **2.1** Veränderung der Knochenmineraldichte bei Frauen in der Postmenopause (% pro Jahr).

Gruppe	Oberschenkelhals	ultradistaler Knöchel
Plazebo	$-0{,}67 \pm 0{,}21$	$-2{,}47 \pm 0{,}24$
Kalziumtabletten	$-0{,}18 \pm 0{,}20$	$-1{,}65 \pm 0{,}23$ *
Kalzium und Körpertraining	$+0{,}28 \pm 0{,}34^{+}$	$-1{,}05 \pm 0{,}41$ *
Milchpulver	$-0{,}18 \pm 0{,}24$	$-1{,}51 \pm 0{,}22$ *

Ergebnisse als Mittelwert ± mittlere Standardabweichung.
* $p < 0{,}05$ verglichen mit Plazebo
$^{+}$ $p < 0{,}05$ verglichen mit Kalziumtabletten
Mit freundlicher Genehmigung der Arbeit Prince [7] entnommen

Lactat-Gluconat behandelt. Tab. **2.2** stellt die Änderungsraten der KMD während Jahr 1 und während der Jahre 2–4 vor. In der Lendenwirbelsäule war Kalzium im ersten Jahr wirksamer als Plazebo (was wahrscheinlich eine closure of remodeling space widerspiegelt), in der Folgezeit jedoch nicht mehr (Tab. **2.2**, Abb. **2.2**). Im Gegensatz dazu wirkte Kalzium in den Jahren 2–4 auf den ganzen Körper günstig. Ähnliche Tendenzen waren am Oberschenkelhals zu beobachten, die Unterschiede zwischen den Behandlungsgruppen waren an dieser Stelle aber im ersten Jahr und in den Jahren 2–4 nicht signifikant. Betrachtet man aber die 4jährige Studienperiode als Ganzes, so reduzierte Kalzium den Knochenschwund in der Wirbelsäule, am Oberschenkelhals und im Gesamtskelett.

Wichtiger als die mäßigen günstigen Effekte auf die KMD ist der Einfluß einer Kalziumsupplementation auf die Frakturraten. Während der 4jährigen Studie von Reid [8] kam es bei 7 Frauen der Plazebogruppe zu 9 Frakturen (2 am proximalen Femur, 3 am Unterarm, 1 Wirbelfraktur, 3 an Mittelfußgliedern) und in der Kalziumgruppe zu 2 Frakturen (1 an der Mittelhand, 1 am Unterarm). Obgleich die Fraktur-Gesamtzahl niedrig war, war der Unterschied der Frakturraten zwischen den Gruppen signifikant (Abb. **2.3**). In einer größeren Vierjahresstudie stellten Recker und Kollegen [9] fest, daß eine Supplementierung mit 1200 mg Kalzium pro Tag die Wirbelfrakturraten bei Frauen mit bereits existierenden Wirbelfrakturen, nicht aber bei solchen Frauen reduzierte, die

Tab. **2.2** Änderungsraten der Knochenmineraldichte und Unterschiede zwischen den Gruppen bei Frauen in der Postmenopause, die 4 Jahre lang mit Kalziumsupplementen oder Plazebo behandelt wurden.

	Körperregion	Kalzium	Plazebo	Unterschied
Jahr 1 (%/J)	Lendenwirbelsäule	0,73 ± 0,40	−0,96 ± 0,40 *	1,7 ± 0,6 $^{+}$
	Ganzkörper	−0,93 ± 0,18 $^{++}$	−1,37 ± 0,26 $^{++}$	0,4 ± 0,3
	Oberschenkelhals	0,70 ± 0,55	−0,41 ± 0,52	1,1 ± 0,8
Jahre 2–4 (%/J)	Lendenwirbelsäule	0,02 ± 0,15	−0,17 ± 0,17	0,19 ± 0,22
	Ganzkörper	−0,55 ± 0,08 $^{++}$	−0,80 ± 0,07 $^{++}$	0,25 ± 0,11 *
	Oberschenkelhals	−0,52 ± 0,22 *	−0,62 ± 0,19 $^{+}$	0,10 ± 0,28

Die genannten Werte sind Mittelwerte (± mittlere Standardabweichung) der jährlichen Änderungsrate der Knochendichte oder ihr Unterschied zwischen den Gruppen, dargestellt als Prozentsatz des Mittelwertes zu Beginn der jeweiligen Periode. Ein positiver Wert beim Unterschied bedeutet eine niedrigere mittlere Knochenverlustrate in der Kalziumgruppe.

* $p \leq 0{,}02$; $^{+}$ $p \leq 0{,}004$; $^{++}$ $p \leq 0{,}0001$

Mit freundlicher Genehmigung der Arbeit Reid [8] entnommen

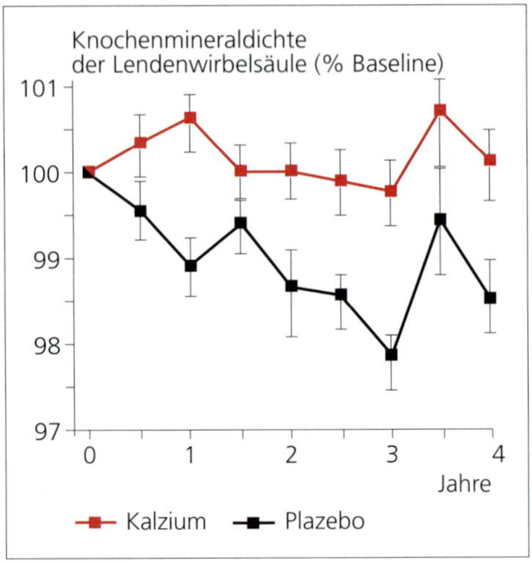

Abb. **2.2** Veränderung der Knochendichte der Lendenwirbelsäule (Mittelwert ± mittlere Standardabweichung) in der Kalzium- und der Plazebogruppe. Der Knochenverlust war in der Kalziumgruppe in Jahr 1 ($p = 0{,}004$) und über die gesamte Studienperiode reduziert ($p = 0{,}03$). Mit freundlicher Genehmigung der Arbeit Reid [8] entnommen.

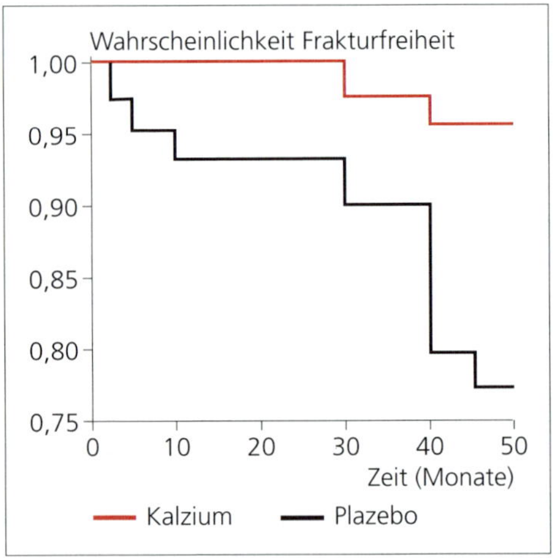

Abb. **2.3** Wahrscheinlichkeit für Kalzium- und Plazebogruppe, daß es zu keiner Fraktur kommt. Der Unterschied bei den Frakturraten zwischen beiden Gruppen war signifikant ($p = 0{,}037$). Mit freundlicher Genehmigung der Arbeit Reid [8] entnommen.

Tab. **2.3** Inzidenz für Wirbelfrakturen bei älteren, mit Kalzium behandelten Frauen mit oder ohne vorherige Frakturen.

	Plazebogruppe	Kalziumgruppe
mit vorherigen Frakturen (n = 94)		
neue Frakturen	21	15*
keine neuen Frakturen	20	38
ohne vorherige Frakturen (n = 103)		
neue Frakturen	13	12
keine neuen Frakturen	48	30

* Unterscheidet sich von Plazebo, p = 0,023.
Mit freundlicher Genehmigung der Arbeit Recker [9] entnommen

zu Beginn der Studie noch keine Wirbelfraktur gehabt hatten (Tab. **2.3**). Die Frauen in der Reckerstudie hatten sehr geringe selbstgewählte Kalziumaufnahmen (433 ± 200 mg pro Tag), was wahrscheinlich ihr Ansprechen auf Kalzium verbesserte.

Alle genannten Studien wurden bei Frauen durchgeführt. Über den Einfluß einer Kalziumergänzung auf die KMD und die Frakturraten beim Mann ist weniger bekannt. 1994 empfahl eine Konsensuskommission der NIH erwachsenen Frauen, die Östrogen nehmen, und Männern, 1000 mg Kalzium pro Tag zu sich zu nehmen. Sie empfahl Frauen, die kein Östrogen nehmen und allen Personen (Männern und Frauen) über 65 Jahre eine tägliche Aufnahme von 1500 mg [4].

Seit dem ersten Bericht 1994, wonach die Allele in dem Gen, das den 1,25-Dihydroxyvitamin-D-Rezeptor (VDR) verschlüsselt, mit der KMD korreliert [10], gab es eifrige Bemühungen, den Befund zu bestätigen und den Mechanismus (die Mechanismen) zu definieren, durch welche(n) das Gen die Knochendichte verändert. Wir riefen vor kurzem 230 Frauen, die an einer früheren 2jährigen Kalziumergänzungsstudie in unserem Labor teilgenommen hatten, zurück und genotypisierten ihren VDR [11]. Eine für die Studienteilnahme erforderliche Voraussetzung war eine geringe Kalziumaufnahme über die Nahrung (unter 650 mg pro Tag). Die Genotyp-Verteilung sah folgendermaßen aus: bb 36 %, bB 45 % und BB 19 %. Alter, Gewicht und Kalziumaufnahme mit der Nahrung waren in den 3 Gruppen ähnlich [12]. Wir stellten fest, daß die Knochenverlustraten aus Oberschenkelhals, Radius und Wirbelsäule je nach Genotyp unterschiedlich waren und in der BB-Gruppe am höchsten lagen (Abb. **2.4**, linke Spalte). Darüber hinaus beeinflußte die Kalziumzufuhr die Beziehung zwischen Genotyp und den Knochenschwundraten am Oberschenkelhals (Abb. **2.4**, rechte Spalte).

Die ungünstige Wirkung des Allels (BB) scheint bei niedriger Kalziumzufuhr verstärkt und bei Kalziumergänzung reduziert zu werden. Die offensichtliche Bedeutung der Kalziumzufuhr läßt vermuten, daß

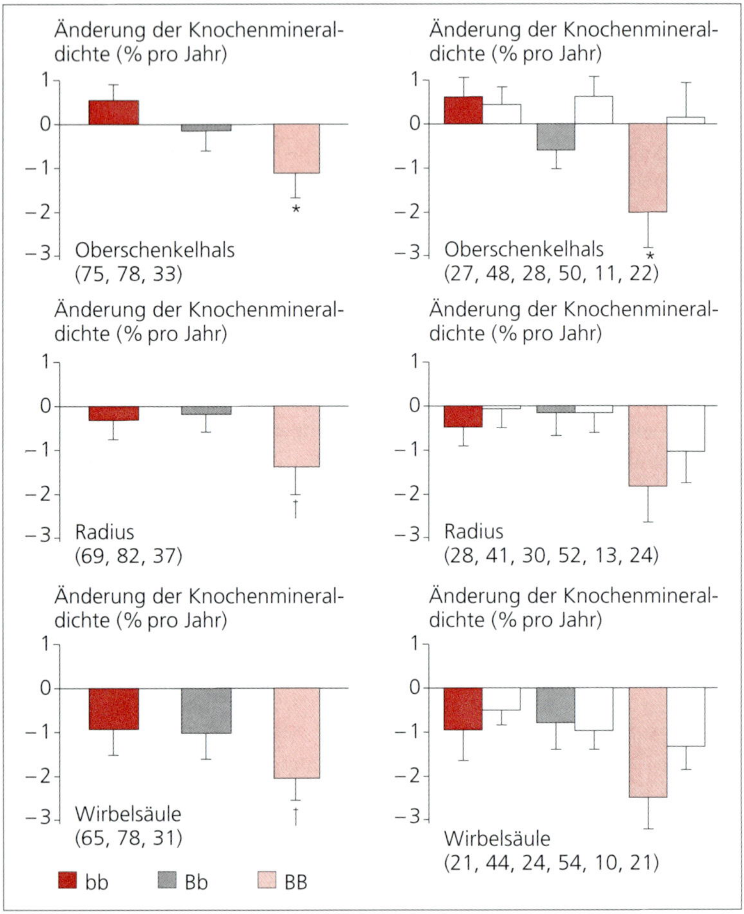

Abb. **2.4** Knochenveränderungsrate nach Lebensalters-bezogener Korrektur (Mittelwert ± mittlere Standardabweichung) je nach Genotyp (linke Spalte) und nach Genotyp und Kalziumzufuhrstatus (rechte Spalte: die schwarzen Säulen stehen für Plazebo, die weißen Säulen für Kalziumzusatz). Der Stichprobenumfang ist in Klammern angegeben. * BB-Plazebo unterschied sich von bb-Plazebo, $p < 0{,}01$. Mit freundlicher Genehmigung der Arbeit Krall [12] entnommen.

die Genotypgruppen Kalzium bei niedriger Zufuhr unterschiedlich resorbieren, vielleicht wegen funktioneller Unterschiede ihrer intestinalen $1{,}25(OH)_2D$-Rezeptoren. Weitere Studien sind erforderlich, um zu bestimmen, ob der VDR-Genotyp die intestinale Kalziumresorption und/oder weitere Aspekte der Kalziumhomöostase beeinflußt. In der Zukunft wird es vielleicht möglich sein, die erforderliche Kalziumzufuhr für ausgewählte Unterpopulationen genau zu bestimmen.

Abschließend ist hervorzuheben, daß es substantielle Hinweise dafür gibt, daß die Kalziumzufuhr das Knochenwachstum und die Knochenkonsolidierung bei Kindern und Jugendlichen beeinflußt. Im späteren Leben reduziert Kalzium die Knochenverlustraten. Jenseits der anfänglichen closure of remodeling space scheint Kalzium einen größeren Einfluß auf kortikalen als auf Bälkchenknochen zu haben. Wichtige neue Studien weisen nach, daß Kalzium die Frakturraten bei Frauen in der Postmenopause reduziert. Vitamin-D-Zusatz scheint die günstigen Kalziumwirkungen noch zu verbessern. Schließlich gibt es erste Hinweise darauf, daß die erforderliche Kalziumaufnahme erblich geprägt sein könnte.

Literatur

1 Johnston CC, Miller JZ, Slemenda CW, Reister TK, Hui S, Christian JC, Peacock M: Calcium supplementation and increase in bone mineral density in children. New Engl J Med 327: 82–87 (1992)

2 Lloyd T, Andon MB, Rollings RN, Martel JK, Landis JR, Demers LM, Eggli DF, Kieselhorst K, Kulin HE: Calcium supplementation and bone mineral density in adolescent girls. JAMA 270: 841–844 (1993)

3 Chan GM, Hoffman K, McMurry M: Effects of dairy products on bone and body composition in pubertal girls. J Pediatr 126: 551–556 (1995)

4 Optimal Calcium Intake: NIH Consensus Conference. JAMA 272: 1942–1948 (1994)

5 Nieves JW, Golden AL, Siris E, Kelsey JL, Lindsay R: Teenage and current calcium intake are related to bone mineral density of the hip and forearm in women aged 30–39 years. Am J Epidemiol 141: 342–351 (1995)

6 Aloia JF, Vaswani A, Yeh JK, Ross PL, Flaster E, Dilmanian FA: Calcium supplementation with and without hormone replacement therapy to prevent postmenopausal bone loss. Ann Intern Med 120: 97–103 (1994)

7 Prince R, Devine A, Dick I et al.: The effects of calcium supplementation (milk powder or tablets) and exercise on bone density in postmenopausal women. J Bone Miner Res 10: 1068–1075 (1995)

8 Reid IR, Ames RW, Evans MC, Gamble GD, Sharpe SJ: Long-term effects of calcium supplementation on bone loss and fractures in postmenopausal women: a randomized controlled trial. Am J Med 98: 331–335 (1995)

9 Recker RR, Kimmel DB, Hinders S, Davies KM: Anti-fracture efficacy of calcium in elderly women. J Bone Miner Res 9 (S1): 135 (abstr.) (1994)
10 Morrison NA, Qi JC, Tokita A et al.: Prediction of bone density from vitamin D receptor alleles. Nature 367: 284–287 (1994)
11 Dawson-Hughes B, Dallal GE, Krall EA, Sadowski L, Sahyoun N, Tannenbaum S: A placebo-controlled trial of calcium supplementation in postmenopausal women. New Engl J Med 323: 878–883 (1990)
12 Krall EA, Parry P, Lichter JB, Dawson-Hughes B: Vitamin D receptor alleles and rates of bone loss: influences of years since menopause and calcium intake. J Bone Miner Res 10: 978–984 (1995)

3. Vitamin D: Metabolismus und spezifische Rolle beim älteren Menschen

P. Burckhardt, M. A. Krieg, St. Gerber, B. Burnand, D. Thiébaud

Die Häufigkeit von Vitamin-D-Mangel beim älteren Menschen

In mehreren Studien wurde nachgewiesen, daß Vitamin-D-Mangel eine häufige Stoffwechselstörung älterer Menschen ist. Bis zu 60% älterer Menschen [1–3] und 70–100% der Bewohner von Altenheimen [4–11] hatten einen inadäquaten Vitamin-D-Status, was durch relativ niedrige 25OH-Vitamin-D-Plasmaspiegel dokumentiert wurde und im wesentlichen durch eine niedrige Vitamin-D-Aufnahme erklärt wurde. Tiefe Konzentrationen korrelierten mit einem Anstieg der alkalischen Phosphatase als Zeichen einer gestörten Knochenmineralisation [18] und insbesondere mit steigenden PTH-Plasmaspiegeln [4, 10, 12–16, 57].

Dieser sekundäre Hyperparathyreoidismus (sekundär zu der Tendenz niedriger Kalzium-Plasmaspiegel) verursacht einen erhöhten Knochen-Turnover mit negativer Knochenbilanz [17]. Er wurde nur bei Vorhandensein niedriger 25OH-Vitamin-D-Plasmaspiegel evident. Ein Anstieg der PTH-Spiegel korrelierte mit den Vitamin-D-Spiegeln nur, wenn letztere unter 25 nmol/l (9,5 µg/l) lagen. Bei niedrigeren Plasmaspiegeln, d.h. unter 15 nmol/l (5,7 µg/l) korrelierten sie auch mit einer Zunahme alkalischer Phosphatase [18]. Aus diesem Grund und mangels geeigneter Kontrollwerte in den meisten Studien könnte diese Konzentration (15 nmol) als Grenzwert für adäquate Vitamin-D-Werte betrachtet werden.

Diese biochemischen Störungen sind nur relevant, wenn ihre direkte Verbindung mit dem Skelettstatus nachweisbar ist. Daher ist es wichtig, die Korrelation zwischen den 25OH-Vitamin-D-Plasmaspiegeln und Knochendichte, Frakturinzidenz und Frakturrisiko zu erwähnen: Insbesondere bei älteren Menschen korrelieren niedrige Konzentrationen mit einer verringerten vertebralen Knochenmineraldichte [14, 19]. Plasmaspiegel unter 30 nmol/l – in den USA, wo die Konzentrationen generell höher liegen, unter 50 nmol/l – korrelieren ebenfalls mit verringerter Knochenmineraldichte im proximalen Femur. Frauen mit Hüftfraktur weisen niedrigere Spiegel als gleichaltrige Kontrollgruppen auf [20, 21].

Ältere Menschen mit relativ hohem Vitamin-D-Spiegel haben eine signifikant höhere femorale Knochenmineraldichte (KMD) als Personen mit niedrigeren Spiegeln. Bei der lumbalen oder radialen Knochenmineraldichte konnte eine solche Korrelation nicht nachgewiesen werden [22]. Der Effekt von Vitamin D auf die femorale KMD scheint daher eine gewisse Spezifität für den Oberschenkelhals, wahrscheinlich speziell für die Kortikalis, aufzuweisen.

Ursachen von Vitamin-D-Mangel beim älteren Menschen

Vitamin D wird von der Haut unter dem Einfluß eines bestimmten Spektrums von UV-Strahlen (290–315) gebildet und auch mit der Nahrung aufgenommen. Jede dieser beiden Quellen kann den Organismus ausreichend versorgen. Fehlt jedoch eine dieser Quellen, kann die andere leicht unzureichend werden. So führt eine fehlende direkte Sonnenbestrahlung, wie beispielsweise bei einigen arabischen Völkern, zu Osteomalazie, ohne daß offensichtlich eine inadäquate Zufuhr über die Nahrung bestünde [23]. Andererseits muß bei einer geringen Aufnahme über die Nahrung eine ausreichende Sonnenbestrahlung garantiert werden [24].

Beim älteren Menschen werden beide Faktoren, die Aufnahme über die Nahrung und die Produktion durch die Haut, leicht insuffizient. Mit zunehmendem Alter läßt die Fähigkeit der Haut nach, Vitamin D zu produzieren, und bei den Nieren nimmt die Fähigkeit ab, die zur Aktivierung von Vitamin D erforderlichen Hydroxylasen zu synthetisieren. Zusätzlich meiden ältere Menschen und insbesondere die Bewohner von Altersheimen direkte Sonnenbestrahlung oder können das Haus nicht mehr verlassen, während ausreichende Bekleidung [25,26] und Fenster [27] die UV-Strahlen absorbieren. Heimbewohner, die das Haus meist nur selten verlassen und sich vor der Sonne schützen, wenn sie ausgehen, sind daher fast ausschließlich auf eine Vitamin-D-Zufuhr über die Nahrung angewiesen und sollten ihren Bedarf durch geeignete Nahrungsmittel decken. Mehrere in Altersheimen durchgeführte Studien haben jedoch gezeigt, daß die Vitamin-D-Aufnahme gering ist. Die Durchschnittswerte liegen zwischen 46 und 240 IE pro Tag (Tab. **3.1**) [1,6,12,28–31].

Tab. **3.1** Vitamin-D-Aufnahme und 25OH-Vitamin-D-Plasmaspiegel bei Bewohnern von Altenheimen: erste Studien.

Autor	Anzahl	Alter Jahre	Vitamin-D-Aufnahme IE/Tag	Plasma 25OH-ng/ml
Hodkinson 1973 [28]	103	>78	65	
Corless 1975 [6]	36 ohne Sonnenbestrahlung	86	46	1,3
	9 mit Sonnenbestrahlung	84		4,3
Corless 1979 [29]	37 Heimbewohner	83	46	2,3
	34 Unabhängige	83	40	16
Lawson 1979 [30]	23 ohne Sonnenbestrahlung	>80	96	8
	mit Sonnenbestrahl.			16
Sem 1987 [31]	56 Heimbewohner	84	±160	18
	31 zu Hause lebend	77	±170	31
Chapuy 1987 [12]	104 Heimbewohner	75	<200	8,6
	89 zu Hause lebend	76		17,2
Bouillon 1987 [1]	38 Heimbewohner	78	240	7,2
	193 zu Hause lebend	78		12,4

Studie der Vitamin-D-Aufnahme und Sonnenbestrahlung bei älteren Heimbewohnern

In einer Studie in 5 Heimen [32] stellten wir fest, daß die durchschnittliche Vitamin-D-Aufnahme, über 28 Tage errechnet, nur 136 IE pro Tag betrug (108–168 IE). 42% wurden durch Milch und Milchprodukte geliefert, 20% durch Fleisch, 14% durch Eier und 20% durch Fisch, obgleich Fisch nur einmal innerhalb von zwei Wochen serviert wurde. Milchprodukte wurden regelmäßig verzehrt. Außer bei ausreichendem Verzehr von Fisch sind diese für die Vitamin-D-Aufnahme wesentlich, da eine Ernährung ohne Milchprodukte pro Tag nur etwa 23 IE liefert [18].

Da auf unserem Breitengrad von 45,5, wo Wellenlängen unter 300 ab Septemter nicht mehr durchdringen, die maximale UV-Bestrahlung im August erfolgt, und da Heimbewohner insbesondere in der heißen Jahreszeit direkte Sonnenbestrahlung meiden, muß diese Vitamin-D-Aufnahme zu Vitamin-D-Mangel führen. Tatsächlich wurden bei 70% der Bewohner eines Heimes 25OH-Vitamin-D-Plasmaspiegel unter dem 2,5 Perzentil (= 6,4 µg/l) der Bezugspopulation Schweizer Bürger unter 65 Jahre festgestellt [33], und bei 41 % unter dem 2,5 Perzentil (4,3 µg/l) einer Referenzpopulation über 65 Jahre. Wie bereits zuvor beschrieben (s. Tab. **3.1**), wurden diese niedrigen Werte bei 80 % der völlig abhängigen und nur bei 29 % der relativ selbständig lebenden Personen festgestellt, wobei letztere in der Lage waren, zu laufen und im Freien spazierenzugehen.

In einer zweiten Studie mit 380 Bewohnern von 19 Heimen im Alter von ± 83 Jahren fanden wir bei 39 % der Frauen und 36 % der Männer niedrige 25OH-Vitamin-D-Spiegel verglichen mit der unteren Normgrenze jüngerer Kontrollpersonen [33]. Der Vitamin-D-Mangel korrelierte ebenso wie die daraus folgende Erhöhung an PTH und alkalischer Phosphatase mit den Ultraschallmessungen (BUA) des Kalkaneus [34], welche wiederum mit der Frakturhäufigkeit in Beziehung stehen [40].

Untersuchung der relativen Rolle eines Vitamin-D-Mangels als Risikofaktor für eine Hüftfraktur

Das Risiko für eine Hüftfraktur beim älteren Menschen setzt sich aus dem Risiko, eine Osteoporose zu entwickeln, und dem Sturzrisiko zusammen. Die 5 Hauptrisikofaktoren für Stürze bei einem Krankenhausaufenthalt, der eher das Risiko von älteren Heimbewohnern als von zu Hause lebenden Personen zu entsprechen scheint, werden in Tab. **3.2** angegeben [35].

Alle diese Faktoren stehen mit dem Sturzrisiko in Zusammenhang. Mit Ausnahme der früheren Stürze im Krankenhaus sind sie häufig auch bei Bewohnern von Altenheimen relevant. Sie erfassen aber nur einen Teil des Risikoprofils für Hüftfrakturen. Wenn biochemische Daten und Knochenmineraldichtemessungen in die Bewertung mit eingeschlossen werden, kann die Frage untersucht werden, welcher Platz dem Vitamin-

Tab. **3.2** Risikofaktoren für Stürze im Krankenhaus [35].

Risikofaktor	rel. Risiko	95 % CI	p
– multiple Psychopharmaka	3,27	1,26–8,50	< .015
– niedriges Gewicht (unter der 3. Tertile)	2,86	1,38–5,92	< .005
– früherer Sturz im Krankenhaus	2,71	1,52–4,82	< .0007
– Verwirrung	2,48	1,37–4,48	< .003
– Gehhilfe	2,12	1,25–3,59	= .005

D-Mangel als Risikofaktor in bezug auf Knochenmineraldichte, klinische Merkmale und sonstige biochemische Parameter des Knochenstoffwechsels einzuräumen ist.

Zu diesem Zweck untersuchten wir 172 Patienten innerhalb von 10 Tagen nach einer Hüftfraktur (136 Frauen ± 81 Jahre alt und 43 Männer ± 78 Jahre alt) sowie eine gleiche Anzahl gleichaltriger stationärer Kontrollpatienten und 55 gesunde Kontrollpersonen (± 72 Jahre alt, 47 Frauen, 8 Männer) [36–38]. Wie erwartet, war die femorale Knochenmineraldichte bei den Patienten mit Hüftfraktur signifikant geringer (um 18 bzw. 24 %) als bei den Kontrollpersonen.

Wie aus der Literatur zu erwarten, waren die beiden größten Risikofaktoren für Stürze, die zu einer Hüftfraktur führten, der Gebrauch von Tranquilizern (relatives Risiko 2,6) und die Verwendung von Stöcken beim Gehen (relatives Risiko 2,3). Die beiden wichtigsten Risikofaktoren für wiederholte Stürze, die zu Hüftfrakturen führten, waren wie erwartet kognitive Ausfallerscheinungen (relatives Risiko 4,6) und Harninkontinenz (relatives Risiko 3,9), gefolgt von geringer Mobilität. Wenn das Ergebnis des Sturzes eine Hüftfraktur war, war der wichtigste Risikofaktor neben verminderter geistiger Gesundheit, Abhängigkeit (Punktwertskala nach Katz) und dem Leben in einem Heim, ebenfalls wieder eine vorwiegend sitzende Lebensweise (relatives Risiko 6,2).

In dieser Analyse zeigte sich, daß mangelnde körperliche Aktivität neben Alter, Geschlecht, Knochenmineraldichte und Ernährung der wichtigste Risikofaktor für eine Hüftfraktur war. In einer multivariaten logistischen Analyse unter Einschluß von femoraler KMD, Alter und Geschlecht, erwies sich eine vorwiegend sitzende Lebensweise tatsächlich als unabhängiger Risikofaktor (berichtigtes relatives Risiko 7,4 CI 4,0–13,9).

Als schließlich die biochemischen Daten in der Berechnung berücksichtigt wurden, wies eine Rückanalyse folgende Risikofaktoren als die ersten 5 unabhängigen Risikofaktoren aus: geringe KMD, Leben in Pflegeheimen, sitzende Lebensweise, niedriges Albumin und Größe. Niedrige 25OH Vitamin D und hohe PTH Spiegel hatten keinen si gnifikanten Einfluß. Es bestand eine signifikant negative Korrelation zwischen den 25OH-Vitamin-D- und den PTH-Spiegeln, nicht aber, wie von anderen Autoren festgestellt, in bezug auf die KMD des Oberschenkelhalses [11, 39]. Die Patienten mit Hüftfrakturen hatten jedoch niedrigere Albumin- und 25OH-Vitamin-D-Spiegel als die Kontrollpersonen, obgleich ihre PTH-Spiegel nicht erhöht waren.

Ein relativer Vitamin-D-Mangel ist bei Patienten mit Hüftfrakturen sowie bei Patienten, die wegen anderer Ursachen stationär behandelt werden, häufig anzufinden, während ein sekundärer Hyperparathyreoidismus von geringerer Bedeutung zu sein scheint. Beim Mann wurden die besten Korrelationen mit femoraler Knochenmineraldichte bei IGFBP-3 festgestellt [38]. Die Korrelation zwischen Knochendichte und IGFBP-3 war weit signifikanter als die mit 25OH-Vitamin-D- oder PTH-Spiegeln. Die IGFBP-Spiegel korrelierten auch mit Ernährungsparametern.

Dies führt zu der Schlußfolgerung, daß der Einfluß der Ernährung, einschließlich der Proteinaufnahme, mindestens ebenso wichtig sein könnte wie die 25OH-Vitamin-D-PTH-Achse. In diesem Zusammenhang kann daran erinnert werden, daß ältere Menschen häufig Ernährungsmängel aufweisen, die sich auf die Zufuhr der gesamten Kalorien, Proteine, Kalzium und nicht ausschließlich auf die Vitamin-D-Zufuhr beziehen.

Die besondere Situation älterer Menschen, die in Heimen leben

Eine völlig andere Situation findet man bei älteren Heimbewohnern, wie in mehreren Studien dokumentiert wurde (s. Tab. **3.1**). Die unzureichende Vitamin-D-Aufnahme ist, zumindest bei solchen Heimbewohnern, die nicht mehr ausgehen können, mit fehlender UV-Bestrahlung verbunden. In einer Studie an 380 älteren Menschen, die in 19 Heimen lebten (Durchschnittsalter 83 Jahre), stellten wir bei 21 % der Männer und 28 % der Frauen 25OH-Vitamin-D-Plasmaspiegel unter dem normalen Grenzwert älterer Kontrollpersonen fest (2,5 Perzentil einer Referenzpopulation von > 65 Jahren = 4,3 µg/l) und bei 9 % der Männer und 20 % der Frauen PTH-Spiegel über dem normalen Grenzwert (97,5 Perzentil = 64 ng/ml).

Diese Inzidenz ist höher als die bei älteren Patienten mit Hüftfrakturen beobachtete. Sekundärer Hyperparathyreoidismus tritt nur bei älteren Heimbewohnern häufig auf, d. h. in einer Situation, wo eine UV-Bestrahlung fast völlig fehlt. Zusammen mit interferierenden Erkrankungen und vorwiegend sitzender Lebensweise trägt dieser Vitamin-D-Mangel zu der Tatsache bei, daß das Leben in einem Heim ein wichtiger Risikofaktor für niedrige KMD und Hüftfrakturen zu sein scheint. Bei diesen 380 in Heimen lebenden Personen bestand wie erwartet eine negative Korrelation zwischen PTH und den Kalzium- und 25OH-Vitamin-D-Plasmaspiegeln. Noch stärker, weil in direktem Zusammenhang mit der Knochengesundheit stehend, korrelierten die 25OH-Vitamin-D- und PTH-Spiegel mit der alkalischen Phosphatase (Vitamin D negativ, PTH positiv) und mit den Ergebnissen der Ultraschallmessungen des Kalkaneums (BUA) [45].

Diese Korrelationen bestätigen nicht nur die Häufigkeit von Vitamin-D-Mangel bei älteren Menschen, sie weisen auch nach, daß er bei älteren Heimbewohnern mit einer Abnahme der Kalzium-Plasmaspiegel und mit sekundärem Hyperparathyreoidismus verbunden ist, der wieder-

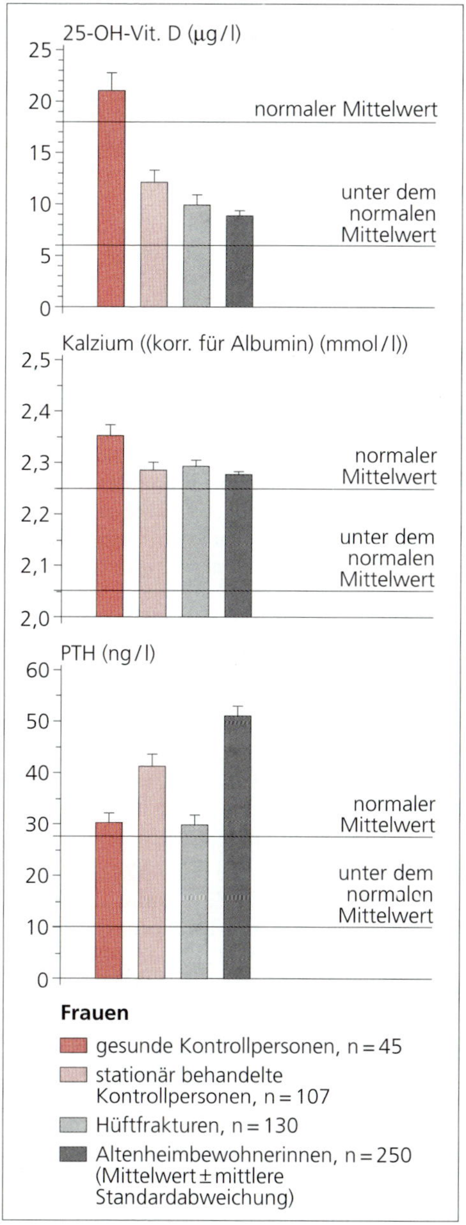

Abb. **3.1** Mittlere Plasmaspiegel (± Standardabweichung) von 25OH-Vitamin D, Kalzium (korrigiert für Albumin) und PTH bei 45 älteren weiblichen Kontrollpersonen (Alter ± 75 Jahre), 107 älteren stationär behandelten Frauen (Alter ± 83 Jahre), 130 ältere Frauen mit kürzlich erfolgter Hüftfraktur (Alter ± 79 Jahre) und 250 Altersheimbewohnerinnen (Alter ± 85 Jahre) verglichen mit dem normalen Mittelwert und dem 2,5 % Perzentil von 3061 gesunden Ewachsenen beiderlei Geschlechts. Daten aus den Referenzen 33, 36, 37 und 41. Relativ niedrige mittlere 25OH-Vitamin-D-Spiegel werden bei stationären älteren Patienten mit oder ohne Hüftfraktur beobachtet; sekundärer Hyperparathyreoidismus tritt hauptsächlich bei Altersheimbewohnern und bei einigen stationär behandelten Frauen aufgrund von Niereninsuffizienz auf.

um eine Abnahme der Knochengesundheit verursacht. Daher tragen Vitamin-D-Mangel und sekundärer Hyperparathyreoidismus bei in Heimen lebenden älteren Menschen, aber nicht notwendigerweise bei Patienten mit Hüftfrakturen, zu dem allgemeinen Osteoporoserisiko bei, das durch das Leben in einem Heim entsteht (s. Abb. **3.1**).

Die Prävention von Vitamin-D-Mangel in Altersheimen

Zur Prävention von Vitamin-D-Mangel kann eine Sonnenbestrahlung vorschlagen werden; sie wird aber den Gewohnheiten älterer Menschen entgegenlaufen. Als Alternative könnte die Anbringung von UV-Lampen in den Aufenthalts- und Speiseräumen dienen; dies wäre jedoch möglicherweise unzureichend. Ein Vitamin-D-Zusatz zur Milch, wie in den USA praktiziert, könnte hilfreich sein; der Zusatz wird aber unzureichend durchgeführt [42], und ältere Menschen trinken nur wenig Milch. Man könnte zweimal wöchentlich Fisch servieren, er sollte aber weder getrocknet noch geräuchert und wenn möglich nicht tiefgefroren sein [18] und entspricht nicht unbedingt dem Geschmack älterer Menschen des europäischen Kontinents.

Daher scheint eine Ergänzung durch Vitamin-D-Präparate die beste Compliance und das günstigste Kosten/Nutzenverhältnis zu bieten. Bleibt noch die Frage der optimalen Dosis.

Die optimale Vitamin-D-Dosis

Eine Substitution mit nur 220 IE beugt bereits der Erhöhung der PTH-Spiegel im Winter vor; mit einer Aufnahme von 467 IE liegt der PTH-Spiegel im Winter sogar niedriger [43]. Eine Substitution mit 400–800 IE/Tag normalisiert die 25OH-Vitamin-D-Plasmaspiegel [44, 45] und die anfänglich erhöhten PTH-Spiegel [4, 12, 21, 46–48]. Sie beeinflußt auch die Knochendichte, da sie die lumbale KMD [47] und auch leicht die femorale KMD [49] erhöht, solange die Kalziumaufnahme normal ist. 400 IE und 1 g Kalzium normalisieren ebenfalls die KMD und den Kalziumgehalt bei Knochenbiopsien osteoporotischer Frauen [12, 50].

Berücksichtigt man, daß laut einiger Studien ältere Menschen, die keine Milch trinken, täglich nur 23 IE zu sich nehmen und 30–150 IE, wenn sie Milch trinken, würde eine Substitution mit 400 IE Vitamin D die Gesamtzufuhr auf 500 IE erhöhen [18].

Tab. **3.3** Der Effekt verschiedener Vitamin-D-Dosen.

Vitamin-D-Dosis	Effekt	Referenz
220 IE	Prävention des Anstiegs der PTH-Plasmaspiegel im Winter bei Gesunden	Krall 1989 [43]
200 IE	minimiert den Knochenschwund der Wirbelsäule bei Frauen in der Postmenopause mit ausreichender Kalziumversorgung	Dawson-Hughes 1994 [51]
467 IE	senkt ganzjährig den PTH-Spiegel bei Gesunden	Krall 1989 [43]
600 IE	für normale 25OH-Vit.-D.-Plasmaspiegel bei fehlender Sonnenbestrahlung erforderlich	Holick 1994 [18]
+ 400 IE	erhöht die femorale KMD, kein Effekt auf den Knochenschwund bei Frauen in der Postmenopause, verringert den Knochenschwund aber bei Ca-Gabe	Ooms 1995 [57], Aloia 1994 [55]
+ 400 IE	+ 1 g Ca: normalisiert die KMD	Burnell 1986 [50]
+ 400 IE	erhöht die femorale KMD, senkt aber bei älteren Menschen die Inzidenz für Hüftfrakturen nicht	Ooms 1995 [57], Lips 1994 [53]
+ 400–800 IE	normalisiert den 25OH-Vit.-D-Spiegel	Aksnes 1989 [44], McKenna 1992 [45]
+ 400–800 IE	normalisiert erhöhte PTH-Spiegel	Chapuy 1987 [12], 1992 [47], 1994 [46], Lips 1988 [21], Dawson-Hughes 1991 [47]
800 IE	senkt den Knochenschwund am Oberschenkelhals bei Frauen in der Postmenopause mit normaler Kalziumaufnahme	Dawson-Hughes 1994 [51]
+ 800 IE	+ 1,2 g Ca senkt die Inzidenz von Hüftfrakturen bei Altersheimbewohnern	Meunier 1994 (56)

Im Fall der Bewohner von Altersheimen, die keine Sonnenbestrahlung erleben und durchschnittlich nur 150 IE aufnehmen, sollte die Substitution mindestens 400 IE betragen. Mehr könnte angebracht sein, denn beim völligen Fehlen einer UV-Bestrahlung benötigten U-Boot-Besatzungen täglich 600 IE, um ihre normalen 25OH-Vitamin-D-Plasmaspiegel halten zu können [18]. Im allgemeinen wird der Tagesbedarf auf 500–1000 IE geschätzt [52].

Tatsächlich waren 400 IE für eine Prävention von Hüftfrakturen nicht ausreichend: Diese Menge wurde 3,5 Jahre lang an 2578 Personen über 70 Jahre (Mittel 80) mit einer täglichen Kalziumaufnahme von 600–1000 mg verabreicht, von denen 40 % in Heimen lebten. Die Inzidenz von Hüftfrakturen konnte dadurch nicht gesenkt werden [53], obgleich sich die KMD besserte [54]. Die alleinige Verabreichung von 400 IE Vitamin D an postmenopausale Frauen hatte keinen Effekt auf den Knochenschwund (außer am distalen Radius); erst bei zusätzlicher Gabe von Kalzium nahm der Knochenschwund ab [55].

800 IE Vitamin D und zusätzlich 1,2 g Kalzium waren in einer kontrollierten Studie mit 3270 Bewohnern von Altenheimen mit einer Aufnahme von ± 123 IE/Tag (Kalzium 510 mg) und relativ hoher Inzidenz für Hüftfrakturen erforderlich, um die Inzidenz für Hüftfrakturen um 43 % zu senken; die KMD am proximalen Femur nahm zu (+ 2,7 %, Kontrollgruppe: – 4,6 %), die PTH-Spiegel nahmen ab [4, 46, 56].

Diese Beobachtungen sind in Tab. **3.3** zusammengefaßt.

Schlußbetrachtung

Vitamin-D-Mangel mit sekundärem Hyperparathyreoidismus ist bei älteren Heimbewohnern häufig zu finden, und die Inzidenz von Hüftfrakturen wird bei dieser Population durch eine Substitution mit Kalzium und Vitamin D gesenkt. Es stellt sich aber die Frage, ob Vitamin D allein dieses Ziel realisiert; schließlich beugte es nur einen Teil der Hüftfrakturen vor und der Effekt nahm im Lauf der Zeit nicht zu. Wie bereits diskutiert, zeigte sich in unseren eigenen Studien, daß bei älteren Menschen, die nicht in einem Heim leben, der signifikanteste biochemische Prädiktor für Hüftfrakturen weder niedrige 25OH-Vitamin-D- noch hohe PTH-Spiegel waren, sondern niedrige Albuminwerte, und dies könnte auch auf Heimbewohner zutreffen. Daher muß eine Vitamin-D-Substitution in das Konzept einer allgemein verbesserten Zufuhr von Kalzium, Kalorien und Protein integriert werden. Dies könnte weitere Möglichkeiten für wirkungsvolle Präventivmaßnahmen bieten.

Literatur

1 Bouillon RA, Auwerx JH, Lissens WD, Pelemans WK: Vitamin D status in the elderly: seasonal substrate deficiency causes 1,25-dihydroxycholecalciferol deficiency. Amer J Clin Nutr 45: 755 (1987)

2 Newton HMV, Shelataway M, Hay AVM, Morgan B: The relations between vitamin D2 and D3 in elderly women in Great Britain. Amer J Clin Nutr 41: 760 (1985)

3 Stamp TCB, Round JM: Seasonal changes in human plasma levels of 25-hydroxyvitamin D. Nature 247 (1974)

4 Chapuy MC, Arlot ME, Duboeuf F, Brun J, Crouzet B, Arnaud S, Delmas PD, Meunier PJ: Vitamin D3 and Calcium to Prevent Hip Fractures in Elderly Women. New Engl J Med 327: 1637 (1992)

5 Clemens LC, Zhou X-Y, Myles M, Endres D, Lindsay R: Serum vitamin D2 and vitamin D3 metabolite concentrations and absorption of vitamin D2 in elderly subjects. J Clin Metab 656: (1986)

6 Corless D, Beer M, Boucher BJ, Gupta P, Cohen RD: Vitamin D status in long-stay geriatric patients. Lancet 1: 1404 (1975)

7 Dandona P, Menson RK, Shenoy R, Houlder S, Thomas M, Mallinson WJW: Low 1,25-dihydroxyvitamin D, secondary hyperparathyroidism, and normal osteocalcin in elderly subjects. J Clin Endocrinol Metab 63: 459 (1986)

8 Davies M, Mawer EB, Hann JT, Taylor JL: Seasonal changes in the biochemical indices of vitamin D deficiency in the elderly: a comparison of people in residential homes, long-stay wards and attending a day hospital. Age Aging 15: 77 (1986)

9 Mathews MC, Matkovic N, Parfitt AM: Bone mineral density and 25-hydroxyvitamin D measurements in elderly nursing home residents. Fifth Workshop on Vitamin D 372 (1982)

10 Petersen MM, Riggs RS, Ashby MA et al.: Parathyroid hormone and 25-hydroxyvitamin D concentrations in sick and normal elderly people. BMJ 287: 521 (1983)

11 Rudman D, Rudman IW, Mattson DE et al.: Fractures in the men of a Veterans Administration nursing home: relation to 1,25-dihydroxyvitamin D. J Amer Coll Nutr 4: 324 (1989)

12 Chapuy MC, Chapuy P, Meunier PJ: Calcium and vitamin D supplements: effects on calcium metabolism in the elderly. Amer J Clin Nutr 46: 324 (1987)

13 Khaw KT, Sneyd M-J, Compston J: Bone density parathyroid hormone and 25-hydroxyvitamin D concentration in middle aged women. BMJ 305: 273 (1992)

14 Lukert B, Higgins J, Stoskopf M: Menopausal Bone Loss in Partially Regulated by Dietary Intake of Vitamin D. Calcif Tissue Int 51: 173 (1992)

15 Oster P, Müller Th, Schmidt-Gayk H, Schlierf G: Parathyroid Hormone, 25-Hydroxyvitamin D and 1,25-Dihydroxyvitamin D Concentration in Elderly Patients. Klin Wschr 68: 421 (1990)

16 Parfitt AM, Gallagher JC, Heaney RP, Johnston CC, Neer P, Whedon G: Vitamin D and bone health in the elderly. Amer J Clin Nutr 36: 1014 (1982)

17 Ashby JP, Newman DJ, Rinsler MG: Is intact PTH a sensitive biochemical indicator of deranged calcium homeostasis in vitamin D deficiency? Ann Clin Biochem 26: 324 (1989)

18 Holick MF: Sources of vitamin D: diet and sunlight. In: Burckhardt P, Heaney RP (eds.), 2nd International Symposium on Nutritional aspects of Osteoporosis. Ares-Serono Symposia Publ P 289–309 (1995)
19 Villareal DT, Civitelli R, Chines A, Avioli L: Subclinical Vitamin D Deficiency in Postmenopausal Women with Low Vertebral Bone Mass. J Clin Endocrinol Metab 72: 628 (1991)
20 Baker MR, McDonnel H, Peacock M, Nordin BEC: Plasma 25-hydroxy vitamin D concentrations in patients with fractures of the femoral neck. BMJ (Clin Res) 1: 589 (1979)
21 Lips, P, Wiersinga A, van Ginkel FC, Jongen MJM, Netelenbos JC, Hackang WHL, Delmas PD, van der Vijgh WJF: The effect of vitamin D supplementation on vitamin D status and parathyroid function in elderly subjects. J Clin Endocrinol Metab 67: 644 (1988)
22 Chaisson CE, Zhang Y, Kiel DP, Hannan MT, Jacques PF, Rush D, Felson DT: The effects of vitamin D and calcium bone mineral density in the elderly. J Bone Min Res 9: (Suppl 1): B400, S329 (1994)
23 Troen JJ, Eschar J, Ben-Ishay D, Alkan WJ, Ben Assa BL: Osteomalacia among the bedouin of the Negev Desert. Arch Intern Med 116: 195–204 (1966)
24 Goel KM, et al.: Florid and subclinical rickets among immigrant children in Glasgow. Lancet 1: 1141–1145 (1976)
25 Matsuoka LY, de Wortsman J, MacLaughlin J, Holick MF: Sunscreens suppress cutaneous vitamin D3 synthesis. J Clin Endocrinol Metab 64: 1165–1168 (1987)
26 Matsuoka LY, Wortsman J, Hanifan N, Holick MF: Chronic sunscreen use decreases circulating concentrations of 25-hydroxyvitamin D: a preliminary study. Arch Derm 124: 1802–1804 (1988)
27 Holick MF: Vitamin D: Horizons for the 21st century. Amer J Clin Nutr 60: 619–630 (1994)
28 Hodkinson HM, Stanton BR, Round P, Morgan C: Sunlight, vitamin D and osteomalacia in the elderly. Lancet 1: 910 (1973)
29 Corless D, Gupta SP, Sattar DA, Switala S, Boucher BJ: Vitamin D status of an old people's home and long-stay patients. Gcrontology 25: 350 (1979)
30 Lawson DEM, Paul AA, Black AE, Cole TJ, Mandal AR, Davie M: Relative contribution of diet and sunlight to vitamin D state in the elderly. BMJ 2: 303 (1979)
31 Sem WS, Sjoen RJ, Trygg K, Pedersen JI: Vitamin D status of two groups of elderly in Oslo: living in old people homes and living in own homes. Comp Gerontol Amer 3: 126 (1987)
32 Gerber St: Status en vitamine D et dosage de la 25-(OH) vitamine D3 chez des personnes âgées vivant dans des établissements médico-sociaux de Lausanne. Thèse Faculté de Lausanne, Suisse (1993)
33 Burnand B, Sloutskis D, Gianoli F, Cornuz G, Riggenbach M, Paccaud F, Burckhardt P: Serum 25 OH Vitamin D: distribution and determinants in the Swiss population. Amer J Clin Nutr 56: 537 (1992)
34 Krieg MA, Thiébaud D, Burckhardt P: Quantitativic ultrasound of bone in institutionalized women: cross-sectional and longitudinal study. Calcif Tissue Int 56 : 5, Abstr. 238: (1995)
35 Lichtenstein MJ, Griffin MR, Cornell JE, Malcolm E, Ray WA: Risk factors for hip fractures occurring in the hospital. Amer J Epidemiol 140: 830 (1994)
36 Burckhardt P, Burnand B, Thiébaud D, Costanza M, Sloutskis D, Gilliard D, Quinodoz F, Landry M,

Paccaud F: Low albumin is a major risk factor for hip fracture. Bone 16 (1) Suppl 189, Abstr 416: (1995)
37 Burnand B, Burckhardt P, Sloutskis D, Gilliard D, Quinodoz F, Landry M, Thiébaud D: Sedentarity is a major modifiable risk factor for hip fracture. J Bone Min Res 9 (S1): Abstr. A334 (1994)
38 Burckhardt P, Burnand B, Thiébaud D, Gaillard R, Costanza M, Sloutskis D, Landry M, Paccaud F: IGFBP-3 as marker for osteoporosis of the hip in old men. Bone 16, 1: (Suppl) Abstr 417: (1995)
39 Lips P, Netelenbos JC, Jongen MJM: Histomorphometric profile and vitamin D status in patients with femoral neck fracture. Metab. Bone Dis 4: 85 (1982)
40 Krieg MA, Thiébaud D, Burckhardt P: Quantitative ultrasound of bone in institutionalized elderly women: a cross-sectional and longitudinal study. Osteoporosis Int: in press (1996)
41 Krieg MA, Thiébaud D, Burckhardt P: The influence of vitamin D deficiency on quantitative ultrasound evaluation of bone in elderly subjects. JBMR 10: Suppl 1 p 274 (1995)
42 Holick MF, Shao Q, Liu WW, Chen TC: The vitamin D content of fortified milk and infant formula. NEJM 326: 1178 (1992)
43 Krall EA, Sahyoun N, Tannenbaum S, Dallal GE, Dawson-Hughes B: Effect of vitamin D intake on seasonal variations in parathyroid hormone section in postmenopausal women. NEJM 321: 1777 (1989)
44 Aksnes L, Rodland O, Odegaard OR, Bakke KJ, Aarsokg D: Serum levels of vitamin D metabolites in the elderly. Acta Endocrinol (Copenh) 212: 27 (1989)
45 McKenna MJ: Differences in vitamin D status between countries in young adults and the elderly. Amer J Med 93: 69 (1992)
46 Chapuy MC, Arlot M, Delmas PD, Meunier PJ: Effect of calcium and cholecalciferol treatment of 3 years on hip fracture in elderly women. BMJ 308: 108 (1994)
47 Dawson-Hughes B, Dallal G, Krall EA, Harris S, Sokoll LJ, Falconer G: Effect of vitamin D supplementation on wintertime and overall bone loss in healthy postmenopausal women. Ann Intern Med 115: 505 (1991)
48 Merke J: Vitamin D Hormone. In: Forest M, Biosynthese, Sekretion und peripherer Stoffwechsel von Hormonen. In Gerok W, Hartmann F, Schuster HP (Hrsg): Innere Medizin der Gegenwart. Urban & Schwarzenberg, München, Band 4. Hesch RD (Hrsg.): Endokrinologie, Teil A Grundlagen. P 141: (1989)
49 Lips P, Ooms ME: The effect of vitamin D supplementation in the elderly. In Burckhardt P, Heaney RP (eds.): 2nd International Symposium on nutritional aspects of osteoporosis. Ares Sereno Symposia Publ P 311: (1995)
50 Burnell JM, Baylink DJ, Chesnut III CH, Teubner EJ: The Role of Skeletal Calcium Deficiency in Postmenopausal Osteoporosis. Calcif Tissue Int 38: 187 (1986)
51 Dawson-Hughes B, Harris SS, Krall E, Dallal G, Falconer G, Green C: JBMR 9, Suppl 1, S417: 446 (1994)
52 Heaney RP, Burckhardt P: Nutrition and bone health. In Burckhardt P, Heaney RP (eds.): 2nd International Symposium on nutritional aspects of osteoporosis. Ares-Serono Symposia Publ 31: 419–424 (1995)
53 Lips P, Graafmans WC, Ooms ME, Bezemer PD, Bouter LM: The effect of vitamin D supplementation on the incidence of hip fractures in elderly people. JBMR 9, S1, Abstr. 112: (1994)

54 Ooms ME, Lips P, Roos JC, Bezemer PD, Bouter LM: Prevention of bone loss by vitamin D supplementation in elderly women: a randomized double blind trial. J Clin Endocrinol Metab 80: 1052 (1995)
55 Aloia JF, Vaswam A, Yeh JK, Ross PL, Flaster EI, Dilmania FA: Calcium supplementation with and without hormone replacement therapy to prevent postmenopausal bone loss. Ann Intern Med 120: 978 (1994)
56 Meunier PJ, Chapuy MC, Arlot ME, Delmas PD, Duboeuf F: Can we stop bone loss and prevent hip fractures in the elderly? Osteoporosis Int Suppl 1: 71 (1994)
57 Ooms ME, Lips P, Roos JC, van der Vijgh WJF, Popp-Snijders C, Bezemer PD, Bouter LM: Vitamin D status and sex hormone binding globulin; determinants of bone turnover and bone mineral density in elderly women. J Bone Min Res 10: in press (1995)

4. Osteoporosebedingte Frakturen: Einfluß auf die Lebensqualität

H. W. Minne

Einführung

Vor 7 Jahren haben wir begonnen, bei Patienten mit Osteoporose die Symptome zu untersuchen, die als Folge osteoporosebedingter Frakturen auftreten können.

Damals war das ein durchaus gewagtes Unternehmen, weil die internationale osteologische Wissenschaftsgemeinde zwar molekular- und zellbiologischen Besonderheiten der Osteoporoseentstehung mit zunehmendem Aufwand nachjagte, dabei ein Interesse an Krankheitsfolgen, die durch so etwas scheinbar Unwissenschaftliches wie Befragungen zu erheben waren, in nur bescheidenem Umfange zu erkennen gab.

Beispielhaft hierfür die Aussage eines altehrwürdigen deutschen Osteologen zu der neu gestarteten Untersuchungsserie:

„Daß Osteoporose weh tut, das weiß ich, dazu brauche ich keine Studien".

Dabei war das mit dem Wissen um die Symptomatologie keineswegs so eine sichere Sache, wie diese Aussage suggerieren möchte. Jeder kannte die Patienten, die trotz erheblich fortgeschrittenem Krankheitsbild scheinbar beschwerdelos und lächelnd ihren Tag verbrachten; und jeder kannte die anderen Patienten, bei denen eine einzelne Fraktur zu erheblichen Beschwerden führte. Und trotzdem, die Vorstellung, daß eine, wenn auch standardisierte Frage nach dem allgemeinen Wohlbefinden etwas Wissenschaftliches sein könne, diese Vorstellung schien den sich als naturwissenchaftlich arbeitend Verstehenden doch gar zu absurd.

Das hat sich inzwischen geändert. Quality of life, Lebensqualität, das ist inzwischen ein Stichwort geworden, das Mediziner und Nichtmediziner bei der Bewertung von Krankheiten und Therapieerfolgen zunehmend in Beschlag nimmt. Geradezu aufschreckend war die Information, daß bei der amerikanischen Gesundheitsbehörde, der Food and Drug Administration (FDA), bereits darüber nachgedacht wurde, ob bei Therapiestudien zukünftig der Erfolg der Behandlung auch daran zu messen sei, in welchem Maße die Behandlung die Lebensqualität der Behandelten zu verbessern oder zu bewahren imstande sei.

Zukünftig also bei der Bewertung neuer Therapeutika für die Osteoporose nicht mehr allein die Messung des Knochenmineralgehaltes und die Bestimmung des Frakturrisikos? Zukünftig bei der Bewertung auch, plazebokontrolliert und randomisiert die Erhebung der Lebensqualität, die Frage nach dem „na, wie geht's uns denn heute?"

Da wird schlagartig deutlich, wie einfach das doch ist mit der Bestimmung des Knochenmineralgehaltes. Auch wenn die Bewertung von Röntgenbildern und Bestimmung von Frakturraten schwieriger sein mag und nach wie vor zum Gegenstand vehement geführter kontroverser Diskussion wird, so scheint es doch dabei um ein vergleichsweise banales Problem zu gehen, wenn man dies mit der Aufgabe vergleicht, die Lebensqualität als Zielkriterium einer Pharmakotherapie objektiv zu messen.

Was ist das überhaupt, Lebensqualität?

Ganz sicher ist Lebensqualität nicht mit der menschlichen Glückseligkeit gleichzusetzen. Die Frage, ob nämlich Menschen glücklich sind oder nicht, läßt sich in aller Regel nicht auf die Frage der körperlichen Intaktheit reduzieren. Wäre dieses so, dann gäbe es keine lachenden Rollstuhlfahrer, dann wären Erblindete unfähig, Lebensfreude zu empfinden, dann gäbe es nicht den heiteren alten Menschen, der sich seine Heiterkeit trotz vielfältiger Gebrechen zu erhalten vermag. Lebensqualität kann aber (muß keineswegs) zu einer Voraussetzung für ein Leben in Glück und Harmonie werden.

Die Fragebögen, mit deren Hilfe bei Gesunden und Kranken Lebensqualität erfaßbar gemacht werden soll, beinhalten folgerichtig auch nicht Fragen nach dem Glücklichsein. Sie beschäftigen sich vielmehr damit, ob ein Mensch die Voraussetzungen hierfür mitbringt.

Welches sind nun die Voraussetzungen dafür?

- Bewahrung der Selbständigkeit.
  Hierzu gehört, daß man seine alltäglichen Tätigkeiten unabhängig von Fremdhilfe ausüben kann. Hier wird deutlich, daß es nicht um die Erfassung krankheitsbedingter Körperläsionen allein geht. Die Fähigkeit, sich selbst durch Einkauf zu versorgen, kann auch dem Behinderten gegeben sein, wenn durch geeignete Hilfsmittel der Zugang zu Geschäften gesichert ist. Hierzu kann der eigene Führerschein und das behindertengerecht eingerichtete Auto gehören.
- Einbindung in die Gesellschaft.
  Besonders alte Menschen beklagen Verluste an Lebensqualität, wenn Freunde, Verwandte und Bekannte „weggestorben" sind; wenn man allein übrigblieb und wenn das Gespräch durch das Selbstgespräch abgelöst wurde.

Möglichkeiten der Lebensplanung.

Die Lebensfreude geht dahin, wenn es nichts mehr gibt, worauf man sich freuen kann. Dies klingt banal, weist jedoch darauf hin, wie wichtig es ist, Zukunftspläne zu haben und neue Vorhaben, die, ausgehend von der Gegenwart, in die Zukunft hineinreichen. Menschen, die ohne Zukunft leben, haben Lebensqualität verloren. Bei den „Symptomen der Lebensqualität" tauchen Knochendichte und Frakturraten nicht auf, nicht einmal der Schmerz scheint einen vorrangigen isolierten Stellenwert zu haben.

Dies macht deutlich, daß es zum jetzigen Zeitpunkt gefährlich wäre, die mittels Fragebogen erhebbare Lebensqualität zu Zielkriterien für therapeutische Verfahren zu machen, bei denen die Wirkung auf der Ebene des Knochenstoffwechsels stattfindet und bei der die Therapieerfolge in der Form der Senkung eines Frakturrisikos zu Buche schlagen.

Und trotzdem: In der nicht medizinischen Bevölkerung hat die Lebensqualität beim Erleben von Krankheit allergrößte Bedeutung, wird unausgesprochen erwartet, daß eine erfolgreiche Therapie sich „irgendwie" auch auf die Lebensqualität auswirkt. Es wird auch deutlich, daß unser aktuelles Wissen über die Zusammenhänge von somatischen Krankheiten, wie es die Osteoporosen nun einmal sind, und Aspekten der Lebensqualität und ihrer Bewahrung, vorsichtig gesagt, begrenzt ist.

Eigene Erfahrungen

Wir sehen in unserer Bad Pyrmonter Klinik jährlich weit mehr als 1000 Patienten mit Osteoporose. Darunter sind solche, bei denen die Osteoporose entsprechend den Kriterien der WHO durch eine Minderung des Knochenmineralgehaltes um –2,5 Standardabweichungen unterhalb des Mittelwertes der peak bone mass festzustellen ist, und andere, bei denen im Zusammenhang mit Osteoporose multiple Wirbelkörperfrakturen bereits aufgetreten sind und täglich neue Frakturen drohen.

Beim Umgang mit diesen vielen Patienten ist uns während der vergangenen 4 Jahre zunehmend deutlich geworden, daß neben dem Bemühen um eine Rückgewinnung des Knochenmineralgehaltes und dem Anstreben einer Senkung des Frakturrisikos Maßnahmen notwendig sind, die es den Patienten ermöglichen, die Voraussetzungen zur Bewahrung der Lebensqualität im oben genannten Sinne zu schaffen.

Ein Teil dessen, was für diese Menschen Lebensqualität ausmacht, können wir nicht beeinflussen; so zum Beispiel die Frage, ob in häuslicher Umgebung soziale Einbindung besteht oder nicht.

Schwer ist es auch, auf die Fähigkeit des Individuums Einfluß zu nehmen, aus resignierender Haltung zu optimistischer Zukunftsplanung zu finden. Hier kann psychologische Betreuung sehr hilfreich sein, angesichts der zeitlich begrenzten Behandlungsdauer sind aber auch hier häufig die Möglichkeiten begrenzt.

Da wo wir uns am ehesten zutrauen, Einfluß auf die Dinge zu nehmen, die als Voraussetzung zur Wahrung der Lebensqualität angesprochen werden, handelt es sich um Aspekte der Rehabilitation. Wenn es gelingt, Patienten, die durch krankheitsbedingte Funktionsstörungen des Achsenskelettes hilflos geworden sind, wieder mobil zu machen, ihnen ihre Selbständigkeit zurückzugeben, dann wird damit zumindest ein Teilaspekt der Lebensqualität positiv beeinflußbar.

Wir haben aber trotzdem wahrzunehmen, daß wir nach wie vor viel zu wenig über die Art und Weise wissen, wie eine somatische Krankheit wie die Osteoporose am Ende die Lebensqualität, die Lebensfreude oder womöglich die Glückseligkeit im Leben beeinträchtigen kann.

Als Versuch, eine Antwort auf diese Fragen zu finden, haben wir vor 2 Jahren begonnen, eine Studie zu planen, die darauf angelegt ist, die Variablen der Lebensqualität bei Patienten mit Wirbelsäulenosteoporose zu bestimmen. Nach einjähriger Vorbereitung wurde diese Studie vor 12 Monaten begonnen, wurden inzwischen 150 Patienten eingeschlossen. Im Rahmen einer Querschnittsuntersuchung soll bei mehr als 500 Patienten überprüft werden, ob die Variablen der Lebensqualität bestimmbar sind. Hierzu gehören neben der Erfassung der somatischen Veränderungen und biochemischer Besonderheiten (Vitamin-D-Status) auch Untersuchungen der allgemeinen Leistungsfähigkeit, der Veränderungen der Körperkontur, der Kraft und der Ausdauer.

Besonderheiten der Persönlichkeit werden durch Fragebogen erhoben, u.a. durch standardisierte Erhebungsinstrumente, die geeignet sind, den sog. sense of coherence nach Antonowsky zu erfassen. Und am Ende steht dann die „Messung“ der Lebensqualität unter Einsatz standardisierter Fragebögen. Ein Teil der Patienten wird prospektiv über 3 Jahre beobachtet. Wir versprechen uns hiervon eine Verbesserung der Aussagen der Studie.

Frühestens in 3 Jahren wird diese Studie abgeschlossen sein. Es wird weitere Zeit dauern, bis plausible Schlußfolgerungen aus den Ergebnissen gezogen werden können.

Bis dahin sind wir bei der Bewertung unserer Patienten auf die Ergebnisse der Studien angewiesen, die in der Vergangenheit bereits durchgeführt wurden. Ihre Zahl ist limitiert. Die Möglichkeit, aus ihren Ergebnissen Schlußfolgerungen zu ziehen, ist begrenzt. Im folgenden sollen einige Ergebnisse dargestellt werden.

Voraussetzungen für derartige Studien

Man muß, wenn man bei Patienten mit Wirbelsäulenosteoporose die Beschwerlichkeiten des Alltages erheben will, Bezugsgrößen finden, auf die sich die Untersuchungsergebnisse beziehen lassen.

Bei Patienten mit Wirbelsäulenosteoporose ist dies das Ausmaß, mit dem die Krankheit zu somatischen Zerstörungen im Achsenskelett geführt hat. Wir haben hierfür ein morphometrisches Verfahren entwickelt, das es erlaubt, die frakturbedingten Verformungen der Wirbelkörper in Zahlenwerte umzusetzen. Dieser Spine Deformity Index beschreibt also das Ausmaß der Wirbelkörperdestruktion [4].

In einer Studie konnte gezeigt werden [1], daß bei Patienten mit einmal eingetretener Fraktur praktisch immer mit einem Fortschreiten der frakturbedingten Verformung der Wirbelsäule zu rechnen ist, wenn Interventionen nicht erfolgen.

In einer ersten Querschnittsuntersuchung hatten wir gefunden, daß das Ausmaß der Beschwerlichkeit mit dem Ausmaß der frakturbedingten Verformungen korreliert ist. Dies erlaubt die Schlußfolgerung, daß eine unbeeinflußte Progression der Wirbelkörperdeformierung zu einer Progression der Symptome führen muß [3].

Bei über 80 % der Patienten entstanden Beschwerden durch alltägliche Bewegungen wie Beugen. Beschwerden bestanden in Abhängigkeit von der allgemeinen körperlichen Aktivität, bei einem Teil der Patienten auch beim Sitzen und Stehen. Nur eine Minderheit der Patienten war beschwerdefrei.

Durch diese Beschwerden waren bei über 90 % die Möglichkeiten der Selbstversorgung begrenzt. Das Heimtragen von Einkaufstaschen zählte hierzu. Mehr als die Hälfte der Patienten erlebte tägliche Schwierigkeiten bei der Bekleidung. Ein Drittel der Patienten war bei alltäglichen Aufgaben im Hause von Fremdhilfe abhängig.

In einer zweiten Studie untersuchten wir die Symptomatologie bei Patienten mit Osteoporose und mindestens einer Wirbelkörperfraktur im Vergleich zu der bei solchen mit anderen Erkrankungen des Achsenskelettes, die Rückenschmerzen erzeugen können [3, 5].

Deutlich war der Unterschied des Ausmaßes der Körpergrößenreduktion zwischen beiden Patientengruppen, zugeordnet werden konnte das Ausmaß der Größenreduktion dem Ausmaß der frakturbedingten Wirbelkörperverformung.

Gleich bei beiden Gruppen war dagegen die Beschwerdehäufigkeit und das Beschwerdeausmaß. Bei Patienten mit Osteoporose bestand eine deutliche Korrelation zwischen dem geschilderten Schmerzausmaß (erfaßt mittels Hoppe-Skala) und dem allgemeinen Wohlbefinden (erfaßt mit dem Instrumentarium von Zersen). Abhängig von Fremdhilfe im Alltag war die Gruppe der Patienten, bei denen die krankheitsbedingten Körperveränderungen (Größenreduktion, Rundrückenausbildung) am deutlichsten waren. Nur diejenigen, die von derartigen Veränderungen noch weitgehend verschont waren, konnten berichten, daß sie sich frei oder nur begrenzt behindert selbst versorgen konnten.

Dabei wurde deutlich, daß die Veränderungen der Körperform zwar dem Ausmaß der Wirbelkörperdeformierung durchaus korrelierbar waren, daß die Korrelation jedoch sehr lose war. Offensichtlich kann durch Besonderheiten der Funktion des Körperhalteapparates (Muskeln und Gelenke) frakturbedingte Wirbelkörperdeformierung in Grenzen ausgeglichen werden.

Auffällig war, daß im Rahmen einer Clusteranalyse eine Gruppe von Patienten identifiziert werden konnte, bei denen zwischen Beschwerdeausmaß und dem Ausmaß der Wirbelkörperdeformierung durch Fraktur praktisch keine Beziehung hergestellt werden konnte. Es gibt also die Gruppe der Patienten, bei denen bereits geringe Veränderungen an der Wirbelsäule erhebliche Beschwerden verursachen; eine begrenzte Gruppe im übrigen. Bei der Mehrzahl läßt sich die Beziehung zwischen osteoporosebedingten Frakturen und hieraus unmittelbar entstehenden Beschwerden mühelos zeigen.

Patienten mit Osteoporose weisen im Vergleich zu solchen, bei denen andere Krankheiten das Achsenskelett beeinträchtigen, eine Einschränkung der Lungenfunktion auf. Das Ausmaß der Einschränkung ist dabei auch dem Ausmaß der morphometrisch meßbaren Wirbelkörperdeformierung direkt korreliert.

Zusammenfassung der vorliegenden Ergebnisse

- Die von Patienten mit Osteoporose beschriebenen Beschwerden lassen sich auf die zugrundegelegte Krankheit bei der Mehrzahl der Patienten zurückführen. Es gibt eine Gruppe von Patienten, bei denen offensichtlich von der Krankheit unabhängig Beschwerden entstehen.
- Mit Fortschreiten der klinischen Symptomatologie kommt es zu zunehmenden Einschränkungen bei der allgemeinen Selbstversorgung.
- Eingeschränkt wird im Zusammenhang mit einer wirbelkörperverformenden Osteoporose auch die Lungenfunktion.

Schlußfolgerungen

Wenn es gelingt, eine Progression der Krankheit zu verhindern, so sollte dies auch dem Risiko einer Beschwerdeprogression vorbeugen.

Dies begründet alle Bemühungen, die unternommen werden können, um das Risiko vertebraler Frakturen und frakturbedingter Deformierungen zu begrenzen. Hierfür stehen Medikamente zur Verfügung, deren Einsatz nach meinem Dafürhalten bei Patienten mit fortschreitender Osteoporose obligat ist. Dies wird auch durch die schon jetzt vorliegenden Ergebnisse unserer Untersuchungen unterstrichen.

Literatur

1 Bruckner T: Persönliche Mitteilung (1995)

2 Leidig G, Minne HW, Sauer P, Wuester J, Lojen M, Raue F, Ziegler R: A study of complaints and their relation to vertebral destruction in patients with osteoporosis. Bone and Mineral 8 (3): 217–229 (1990)

3 Leidig G, Storm T, Genant HK, Minne HW, Auer P, Dudeck G, Siromachkostov L, Sorensen OH, Ziegler R: Comparison of two methods to assess vertebral fractures. Third International Symposium on Osteoporosis, Copenhagen (1990)

4 Minne HW, Leidig G, Wuester C, et al.: A newly developed spine deformity index (SDI) to quantitate vertebral crush fractures in patients with osteoporosis. Bone and Mineral 3: 335–349 (1988)

5 Schlaich C, Leidig G, Minne HW, Wagner G, Zipf A, Grunze M, Ziegler R: Reduction of pulmonary vital capacity in patients with spinal osteoporosis. Third International Symposium on Osteoporosis, Copenhagen (1990)

5. Knochenmineralisationsstörungen und Osteomalazien im höheren Lebensalter

H.-P. Kruse, I. Frieling

Definition, Klassifikation und Klinik der Osteomalazie

Aus klinischer Sicht stellt die Osteomalazie einen Symptomenkomplex dar, der auf der einen Seite durch die gestörte Knochenmineralisation und auf der anderen durch die verschiedenen Grunderkrankungen und Ursachen charakterisiert ist (Tab. **5.1**) [9].

Klinische Manifestationen einer Osteomalazie (Tab. **5.2**) sind diffuse Knochenschmerzen, oft in den unteren Extremitäten beginnend, Watschelgang und Muskelschwäche. Deformierungen der langen Röhrenknochen und des Beckens können sich ebenso wie eine verstärkte Kyphosierung der Brustwirbelsäule und Lordosierung der Lendenwirbelsäule entwickeln. Die Inzidenz von Frakturen ist erhöht. Radiologisch werden eine erhöhte Strahlentransparenz, niedrige Knochendichte, Streßfrakturen und Looserzonen beobachtet (Abb. **5.1**). Die laborchemischen Befunde einer Osteomalazie sind variabel in Abhängigkeit von der jeweiligen Grunderkrankung oder metabolischen Störung (Tab. **5.1**).

Knochenhistologisch ist die Osteomalazie durch eine mittlere Osteoidsaumbreite über 15 µm und einen verzögerten Beginn der Knochenmineralisation der neugebildeten Matrix von mehr als 100 Tagen definiert [16]. Das wesentliche kinetische Charakteristikum ist die Umkehr der normalerweise positiven Relation zwischen Osteoidsaumbreite und Appositionsrate. Inseln von nicht mineralisierter Knochenmatrix innerhalb der Knochentrabekel und periosteozytäre Mineralisationsstörungen sind für eine Osteomalazie charakteristisch und auch bedeutungsvoll in der Unterscheidung einer Osteomalazie von Zuständen mit erhöhtem Knochenumbau ohne Mineralisationsstörungen [1]. Im Anfangsstadium eines Vitamin-D-Mangels sind die Ausdehnung der Osteoidsäume und die Knochenneubildung meist als Folge des sekundären Hyperparathyreoidismus erhöht, während die Osteoidsaumbreite ebenso wie der Beginn der Mineralisation der neugebildeten Knochenmatrix noch normal sein kann.

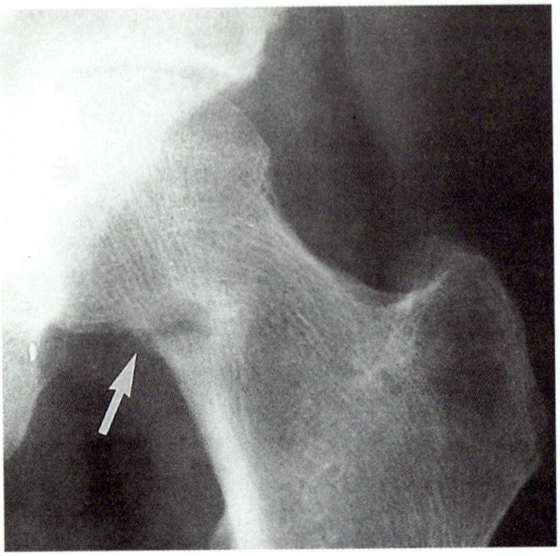

Abb. **5.1** Loosersche Umbauzone des linken Oberschenkelhalses bei einer 46jährigen Frau mit Vitamin-D-Mangel-Osteomalazie.

Tab. **5.1** Klassifikation von Osteomalazie/Rachitis.

1. Exogener Vitamin-D-Mangel
   - unzureichende UV-Exposition
   - Vitamin-D-arme Nahrung
2. Gastrointestinale Störungen
   - Magenresektionen
   - Malabsorptionssyndrome
   - hepatobiliäre Erkrankungen
   - exokrine Pankreasinsuffizienz
3. Medikamenteninduzierte Osteomalazie
   - Antikonvulsiva
   - Antazida
   - Etidronsäure
   - Fluoride
   - Aluminiumsalze
   - Medikamente, die ein Fanconi-Syndrom oder eine renale tubuläre Azidose induzieren können
   - totale parenterale Ernährung
4. Renale tubuläre Funktionsstörungen
   - hypophosphatämische Vitamin-D-resistente Rachitis/Osteomalazie
   - Fanconi-Syndrom
   - renale tubuläre Azidose
5. Tumorassoziierte Osteomalazie
6. Chronische Niereninsuffizienz
7. Pseudo-Vitamin-D-Mangelrachitis
8. Hypophosphatasie

Tab. **5.2** Klinische Manifestationen und Befunde einer Osteomalazie.

1. Klinik
   - diffuse Knochenschmerzen
   - Watschelgang
   - Muskelschwäche
   - Verbiegung der langen Röhrenknochen
   - Deformierungen des Beckens
   - verstärkte Brustkyphose und Lendenlordose
   - erhöhte Frakturinzidenz
2. Radiologie
   - erhöhte Strahlentransparenz
   - niedrige Knochendichte
   - Streßfrakturen, Loosersche Umbauzonen (Abb. **5.1**)
3. Laborchemie
   - Die laborchemischen Befunde variieren in Abhängigkeit vom Grundleiden

Prävalenz von Vitamin-D-Mangelzuständen und generalisierte Osteopathien

Für die Osteomalazie des Erwachsenen sind Vitamin-D-Mangelzustände, gastrointestinale Störungen und die chronische Niereninsuffizienz von größter klinischer Bedeutung [7, 8, 11]. Die folgenden Ausführungen zu unseren eigenen Untersuchungen konzentrieren sich auf die Bedeutung und Pathophysiologie des Vitamin-D-Mangels im Hinblick auf die Entwicklung von generalisierten Osteopathien.

Ein leichter Vitamin-D-Mangel ist ein häufiger Befund im höheren Lebensalter. Bei 838 konsekutiven Patienten mit verschiedenen osteologischen Problemen (mittleres Lebensalter 59 Jahre), die innerhalb von 18 Monaten unsere Ambulanz zum erstenmal aufsuchten, wurden die 25-OHD_3-Konzentrationen im Serum regelmäßig gemessen [11]. In 97 Fällen (19 Männer und 78 Frauen) (entsprechend 11,6 %) fand sich eine 25-OHD_3-Konzentration unter 16 ng/ml. In 19 dieser Fälle fand sich keine generalisierte Osteopathie, 28 hatten eine Osteopenie (mit einem z-score in der Osteodensitometrie unter –2,0), 30 wiesen eine klinisch manifeste Osteoporose mit mindestens einer Wirbelkörperfraktur auf, und 20 Patienten hatten eine Osteomalazie oder eine Kombination von Osteoporose und Osteomalazie. Die letztgenannte Gruppe zeigte die niedrigsten 25-OHD_3-Konzentrationen von 5,2 bzw. 7,3 ng/ml. Die alkalische Serum-Phosphatase zeigte eine negative Korrelation zur 25-OHD_3-Konzentration, und die Kalziumausscheidung im 24-h-Urin war rückläufig mit abnehmenden 25-OHD_3-Konzentrationen. Im Gesamtkollektiv der

Patienten fand sich keine Korrelation zwischen Alter und Vitamin-D_3-Konzentration.

In unserer Studie von Männern mit Osteoporose zeigte sich, daß ein Vitamin-D-Mangel einer der wesentlichen Risikofaktoren ist [5]. Bei 7,7 % der 292 Männer mit Osteoporose lag die 25-OHD_3-Konzentration unter 16 ng/ml.

Pathophysiologische Folgen des Vitamin-D-Mangels

Pathophysiologisch führt der Vitamin-D-Mangel zunächst zu einer Abnahme der intestinalen Kalziumabsorption. Dieser Mechanismus stellt einen wesentlichen pathogenetischen Faktor in der Entwicklung einer Osteoporose im höheren Lebensalter dar. Ein ausgeprägter Vitamin-D-Mangel führt darüber hinaus zu einer Störung der Knochenmineralisation bzw. zur Osteomalazie [10].

Abb. **5.2** zeigt, daß eine niedrige intestinale Kalziumabsorption, beispielsweise durch einen Vitamin-D-Mangel bedingt, zu einer negativen Kalzium- und Knochenbilanz führt. Negative Knochenbilanz heißt Verlust an Knochenmasse und Entwicklung einer Osteoporose. Eine permanent negative Kalziumbilanz von beispielsweise 300 mg Kalzium täglich führt zu einem Verlust an Knochensubstanz von etwa 10 % pro Jahr. Folge der niedrigen intestinalen Kalziumabsorption ist eine tendenziell abfallende Serumkalziumkonzentration, welche die physiologischen Kompensationsmechanismen des Organismus in Gang setzt. Die Stimulation der Parathormonsekretion führt einerseits zu einer erhöhten renalen Kalziumrückresorption und andererseits zu einer verbesserten intestinalen Kalziumabsorption durch Aktivierung der renalen 25-OHD_3-1alpha-Hydroxylase. Ein ausgeprägter Vitamin-D-Mangel kann zur Dekompensation dieser Mechanismen dadurch führen, daß durch den Mangel an 25-OHD_3 das Substrat für das D-Hormon $1{,}25(OH)_2D_3$ fehlt. Vitamin-D-Mangel und negative Kalziumbilanz führen zusammen zur Hyperosteoidose und Störung der Knochenmineralisation.

Verschiedene Untersuchungen haben gezeigt, daß beim Erwachsenen die intestinale Kalziumabsorption mit zunehmendem Lebensalter abnimmt. Ursächlich kommen hierfür der Östrogenmangel, eine altersbedingte Abnahme der Nierenfunktion und damit der $1{,}25(OH)_2D_3$-Synthese sowie eine zunehmende Vitamin-D-Resistenz in Frage. Gennari [6] konnte eine signifikante negative Korrelation zwischen Alter und intestinaler Kalziumabsorption sowie $1{,}25(OH)_2D_3$-Synthese nachweisen. Die intestinale Kalziumabsorption war positiv mit der Knochendichte im Bereich der Lendenwirbelsäule korreliert. Andere Autoren fanden bei älteren Frauen eine normale intestinale Empfindlichkeit gegenüber

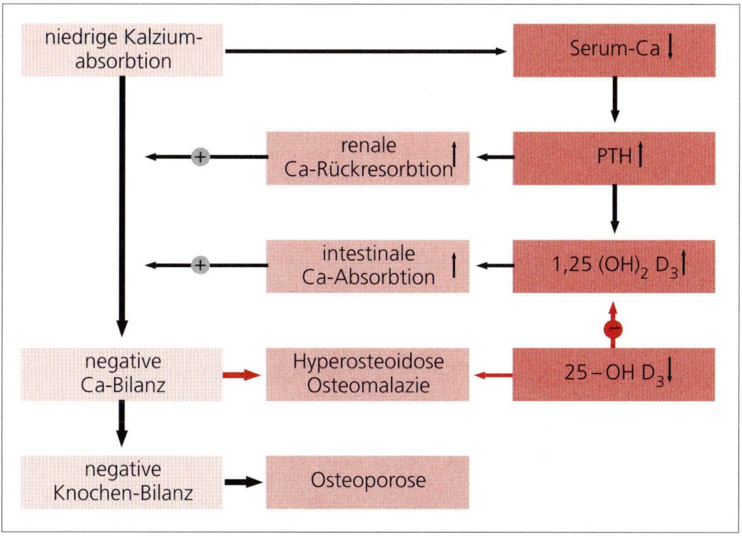

Abb. **5.2** Eine niedrige intestinale Kalziumabsorption kann zu einer negativen Kalzium- und Knochenbilanz und damit zur Osteoporoseentwicklung führen. Kompensationsmechanismen sind eine erhöhte renale Kalziumrückresorption und intestinale Kalziumabsorption durch einen subklinischen sekundären Hyperparathyreoidismus bzw. durch eine PTH-induzierte Stimulation der D-Hormonproduktion. Ein Vitamin-D-Mangel ist nicht nur als Ursache einer niedrigen intestinalen Kalziumabsorption von Bedeutung, sondern kann auch für die Dekompensation der physiologischen Kompensationsmechanismen verantwortlich sein. Darüber hinaus führt ein ausgeprägter Vitamin-D-Mangel zur Entwicklung einer Hyperosteoidose und Osteomalazie (nach [10]).

$1{,}25(OH)_2D_3$ und bei Patienten mit Oberschenkelhalsfrakturen keine signifikante Verminderung der $1{,}25(OH)_2D_3$-Konzentrationen, ebensowenig wie eine Störung der 1alpha-Hydroxylase-Aktivität trotz 25-OHD_3-Mangel [2].

Tellez et al. [18] untersuchten, ob eine unterschiedliche intestinale Absorptionskapazität für Kalzium Knochenabbau- oder Knochenumbauraten bestimmt. Weder 25-OHD_3 noch $1{,}25(OH)_2D_3$ korrelierte mit irgendeinem Index der gemessenen Kalziumabsorption, die Kalziumabsorption selbst zeigte keine signifikante Beziehung zum kortikalen oder trabekulären Knochenverlust.

Knochenmineralisationsstörungen und Oberschenkelhalsfrakturen

Trotz unterschiedlicher und teilweise widersprechender Befunde wie oben beschrieben ist es sehr wahrscheinlich, daß Vitamin-D-Mangelzustände eine wesentliche Rolle in der Pathogenese von Oberschenkelhalsfrakturen spielen. So wurden einerseits signifikante Korrelationen zwischen den Serumspiegeln von Calcidiol und der Knochendichte von 3 unterschiedlichen Femurmeßorten gefunden [14], andererseits fanden sich bei älteren Frauen niedrige 25-OHD_3-Konzentrationen im Serum und ein signifikanter Effekt einer Kalzium- und Vitamin-D_3-Supplementation auf die Inzidenz von Oberschenkelhalsfrakturen [15]. Noch unklar sind die Beziehungen zwischen Knochenmasse und untercarboxyliertem Osteocalcin. Der Anteil des untercarboxylierten Osteocalcins im Serum korreliert mit der Knochendichte im Oberschenkelhals bei älteren Frauen [17] und kann durch Vitamin-K- und -D-Supplementation korrigiert werden.

Abb. **5.3** zeigt, daß ein Vitamin-D-Mangel einerseits über Hyperosteoidose und Osteomalazie und andererseits über niedrige Knochenmasse bzw. Osteoporose zu einer verminderten Knochenfestigkeit und damit zu einem erhöhten Risiko für Oberschenkelhalsfrakturen führt. Histologische Kriterien wie Osteoidvolumen und Osteoidsaumbreite zeigten in früheren Studien, daß bei Patienten mit Oberschenkelhalsfrakturen in einem hohen Prozentsatz, bis zu 37 %, eine Osteomalazie vorliegen kann [12] (Tab. **5.3**). Lips et al. [13] konnten bei 89 Patienten mit Oberschenkelhalsfrakturen in 11 % eine Hyperosteoidose und in 21 % ei-

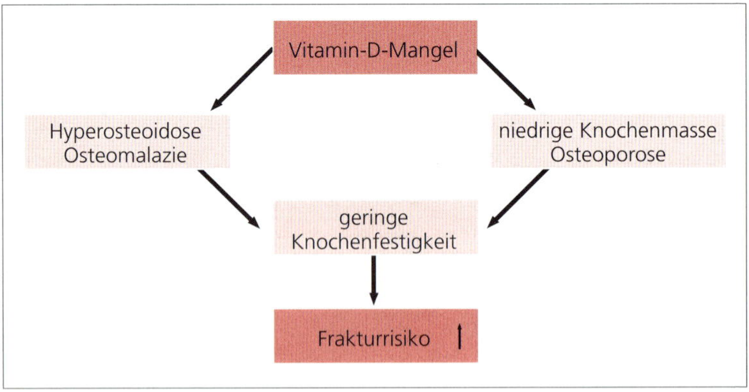

Abb. **5.3** Vitamin-D-Mangel als wesentlicher Risikofaktor für das Auftreten von Oberschenkelhalsfrakturen.

Autoren	Zahl der Patienten	Osteomalazie (%)
Chalmers et al., 1969	130	20
Hodgkinson, 1971	35	0
Aaron et al., 1974	125	37
Faccini et al., 1976	51	„viele"
Wootton et al., 1979	80	8
Hoikka et al., 1982	50	24
Lips et al., 1982	89	0 (11)
Johnston et al., 1985	32	10
Wilton et al., 1987	201	2

Tab. **5.3** Osteomalazie bei Patienten mit Oberschenkelhalsfrakturen (nach [12]).

Geschlecht	n	Alter (Jahre)	$25\text{-}OHD_3$ (ng/ml)
Frauen	149	82,7 ± 9,1	8,9 ± 7,8
Männer	27	71,1 ± 16,7	12,6 ± 11,9
Frauen und Männer	176	80,9 ± 11,4	9,5 ± 8,6

Tab. **5.4** Oberschenkelhalsfrakturen. Abteilung für Unfallchirurgie des Universitätskrankenhauses Hamburg Eppendorf, 1994.

nen gesteigerten Knochenumbau nachweisen. Darüber hinaus wurde ein kortikaler Knochenverlust gezeigt.

Im Jahre 1994 wurden 176 Patienten mit Oberschenkelhalsfrakturen in die Unfallchirurgische Abteilung des Universitätskrankenhauses Hamburg Eppendorf aufgenommen (Frauen n = 149, mittleres Alter ± s.d. 82,7 ± 9,1 Jahre; Männer n = 27, mittleres Alter ± s.d. 71,1 ± 16,7 Jahre). Die Serumkonzentrationen des $25\text{-}OHD_3$ waren mit 9,5 ± 8,6 ng/ml im Mittel signifikant erniedrigt (Tab. **5.4**).

Bei 86,4 % dieser Patienten lagen die $25\text{-}OHD_3$-Konzentrationen unter 16 ng/ml, bei 70,5 % unterhalb von 10 ng/ml. Bei den Frauen zeigte die $25\text{-}OHD_3$-Konzentration eine signifikante negative Korrelation zum Alter ($r = -0,24$, $p = 0,0035$).

Bei 13 Patienten hatten wir die Gelegenheit, Knochendichtemessungen am Radius mittels peripherer quantitativer Computertomographie durchzuführen. Zum Vergleich wurden die Meßergebnisse von 13 gesunden Frauen herangezogen (Tab. **5.5**).

Die Knochendichte der Spongiosa sowie die Gesamtknochendichte reflektieren die Knochenmasse. Die Differenzen zwischen den beiden Gruppen sind signifikant, der z-score der Knochendichte der Spongiosa von –2,0 bei Patienten mit Oberschenkelhalsfrakturen demonstriert die vorliegende Osteoporose. Die Meßwerte der kortikalen Knochendichte

Tab. **5.5** Osteodensitometrie am Radius mittels peripherer QCT bei Patienten mit Oberschenkelhalsfrakturen und gesunden Kontrollen.

	Oberschenkelhalsfrakturen	Kontrollen
Frauen (n)	13	13
Alter (Jahre)	74 ± 17	50 ± 15
Knochendichte (mg/ml) *		
Spongiosa	61,8 ± 24,5	175,3 ± 28,7
z-score	−2,0	+0,4
Kortikalis	599 ± 134	751 ± 166
Gesamtknochendichte	201 ± 51	361 ± 51

* Für alle Messungen sind die Differenzen der Knochendichte zwischen den Patienten mit Oberschenkelhalsfrakturen und den gesunden Kontrollen hochsignifikant ($p < 0,001$)

wurde dadurch gewonnen, daß innerhalb der Kortikalis jeweils 4 Fenster gemessen wurden. Diese Werte reflektieren nicht die Knochenmasse, sondern den Mineralisationsgrad der Knochenmatrix, zu einem geringeren Ausmaß auch die Knochenumbauaktivität. Mineralisationsgrad und Knochenumbauaktivität sind negativ korreliert. Die signifikanten Differenzen zwischen Patienten mit Oberschenkelhalsfrakturen und gesunden Kontrollen belegen eindrucksvoll die gestörte Knochenmineralisation bei den Patienten. Die Befunde unterstreichen die Bedeutung des Vitamin D in der Pathophysiologie und Prävention von Oberschenkelhalsfrakturen.

Zusammenfassung

- Wesentliche Ursachen einer Osteomalazie im höheren Lebensalter sind Vitamin-D-Mangel, gastrointestinale Störungen und chronische Niereninsuffizienz. Die Prävalenz niedriger 25-OHD_3-Konzentrationen im Serum (< 16 ng/ml) beträgt 11,6 % unserer ambulanten Patienten mit unterschiedlichen osteologischen Problemen. Bei Männern mit Osteoporose stellt ein Vitamin-D-Mangel (7,7 % bei 292 Patienten) einen wesentlichen Osteoporoserisikofaktor dar.
- Bei 176 Patienten mit Oberschenkelhalsfrakturen betrug die mittlere Serumkonzentration des 25-OHD_3 9,5 ng/ml, in 70,5 % der Patienten lagen die Werte unter 10 ng/ml. Der Mineralisationsgrad der Knochenmatrix der Kortikalis war bei diesen Patienten

mit Oberschenkelhalsfrakturen signifikant reduziert (599 mg/ml gegenüber 751 mg/ml bei gesunden Kontrollen).

Die Befunde unterstreichen die Bedeutung des Vitamin D sowohl für die Pathophysiologie des Knochenabbaus und der Knochenmineralisation als auch für die Prävention von Oberschenkelhalsfrakturen.

Literatur

1 Bartl R, Frisch B: Biopsy of bone in internal medicine. Kluwer Academic Publishers, Dordrecht-Boston-London (1993)

2 Benhamou CL, Tourliere D, Gauvain JB, Picaper G, Audran M, Jallet P: Calciotropic hormones in elderly people with and without hip fracture. Osteoporosis Int 5: 103–107 (1995)

3 Douglas AS, Robins SP, Hutchison JD, Porter RW, Stewart A, Reid DM: Carboxylation of osteocalcin in postmenopausal osteoporotic women following vitamin K and D supplementation. Bone 17: 15–20 (1995)

4 Ebeling PR, Yergey AI, Vieira NE, Burrit MF, O'Fallon WM, Kumar R, Riggs BL: Influence of age on effects of endogenous 1.25-dihydroxyvitamin D on calcium absorption in normal women. Calcif Tissue Int 55: 330–334 (1994)

5 Frieling I, Kruse H.-P: Osteoporosis in males. Calcif Tissue Int 56: 491 (1995)

6 Gennari C: Intestinal calcium transport and aging. In Proceedings 1993. Fourth International Symposium on Osteoporosis, eds. Christiansen C, Riis BU. Handelstrykkeriet, Albourg 16–18 (1993)

7 Hruska KA, Teitelbaum SL: Renal osteodystrophy. New Engl J Med 333: 166–174 (1995)

8 Klein GL: Nutritional rickets and osteomalacia. In Primer on the metabolic bone diseases and disorders of mineral metabolism, 2nd ed., ed Favus MJ, Raven Press, New York 264–268 (1993)

9 Kruse H.-P.: Osteomalazie. Internist 32: 90–99 (1991)

10 Kruse H.-P.: Kalzium- und Vitamin-D-Mangel: Faktoren der Osteoporose-Pathogenese. Therapiewoche 14: 19–22 (1994)

11 Kruse H.-P., Frieling I: Vitamin-D-Mangel: Vorkommen, Häufigkeit und klinisch relevante Osteopathien. Osteologie 3: Suppl 1: 28 (1994)

12 Lips P: Hyperosteoidose beim älteren Patienten. In Knochen, Kalziumregulierende Hormone und Niere, eds. Schulz W, Hümpfner A, Dustri München 29–32 (1992)

13 Lips P, Klenerman L, Wootton R, Netelenbos JC, Reeve J: Bone histomorphometry of patients with hip fracture in the United Kingdom and the Netherlands. Calcif Tissue Int 44: Suppl 8–61 (1989)

14 Martinez ME, del Campo MT, Sanchez-Cabezudo MJ, Garcia JA, Calvin MTS, Torrijos A, Coya J, Munuera L: Relations between calcidiol serum levels and bone mineral density in postmenopausal women with low bone density. Calcif Tissue Int 55: 253–256 (1994)

15 Meunier PJ, Chapuy MC, Arlot ME, Delmas PD, Duboeuf F: Prevention of hip fractures in elderly women with vitamin D_3 and calcium. Extended observations after 3 years. In Proceedings 1993. Fourth International Symposium on Osteoporosis, eds. Christiansen C, Riis BJ. Handelstrykkeriet, Alborg 80–81 (1993)
16 Parfitt AM: Osteomalacia and related disorders. In Metabolic bone diseases, 2nd ed., ed Krane SM, Grune and Stratton, New York 329–396 (1990)
17 Szulc P, Arlot M, Chapuy MC, Duboeuf F, Meunier PJ, Delmas PD: Serum undercarboxylated osteocalcin correlates with hip bone mineral density in elderly women. J Bone Miner Res 9: 1591–1595 (1994)
18 Tellez M, Arlot ME, Mawer EB, Diaz A, Hesp R, Hulme P, Edouard C, Green JR, Meunier PJ, Reeve J: Gastrointestinal calcium absorption and dietary calcium load: Relationship with bone remodelling in vertebral osteoporosis. Osteoporosis Int 5: 14–22 (1995)

6. Diagnostische Möglichkeiten für die Vorhersage eines erhöhten Schenkelhalsfraktur-Risikos

P. D. Miller

Jede 6. kaukasische Frau (15%) wird im Lauf ihres Lebens eine Hüftfraktur erleiden, ein Ereignis, das mit einer Mortalitätsrate von 10–20% und bei der Hälfte der Überlebenden mit dem Verlust ihres selbständigen Lebens verbunden ist. Jeder 12. 50jährige kaukasische Mann (6%) wird ebenfalls in seinem Leben eine Hüftfraktur erleiden [1], bei ihm wird die Mortalitätsrate fast das doppelte der Rate gleichaltriger Frauen mit einer solchen Fraktur betragen.

Risikofaktoren

Im Lauf der vergangenen Jahre wurde eine Reihe von Faktoren identifiziert, die mit einer Zunahme des Hüftfrakturrisikos zusammenhängen. Viele dieser Faktoren ergänzen die Knochenmineraldichte (KMD) bei der Prognose des Hüftfrakturrisikos; und viele sind selbständige Faktoren, d.h. Faktoren, die nach einer Baseline-korrigierten KMD noch signifikante Effekte auf das Hüftfrakturrisiko ausüben. Einige Risikofaktoren können direkte Teilfaktoren der Pathophysiologie der Erkrankung sein, andere nur indirekt mit dem grundlegenden Krankheitsprozeß verbunden sein. Beide können für das definitive individuelle Risiko von Bedeutung sein.

Da zu den klinischen Interaktionen zwischen Arzt und Patient auch eine sinnvolle Sequenz von Informationen zur Krankengeschichte, eine körperliche Untersuchung und Labortests gehören, um eine Diagnose zu erstellen und Behandlungen vorzuschlagen, habe ich mich dafür entschieden, diesen traditionellen Zugang zur Entscheidungsfindung zu verwenden, um einige der Risikofaktoren zu diskutieren, die die diagnostischen Möglichkeiten für die Prognose von Hüftfrakturen verbessern können (Tab. **6.1**, **6.2**, **6.3**).

Mehrere dieser Risikofaktoren behalten ihren Vorhersagewert auch noch nach KMD-Korrektur. Zusätzlich sind sie für das Hüftfrakturrisiko additiv: 5 oder mehr Risikofaktoren erhöhen das Hüftfrakturrisiko um 10%, während 2 oder weniger das Risiko nur um 1% erhöhen (Abb. **6.1**) [2]. Fügt man die KMD zu den Risikofaktoren hinzu, so steigt das Hüftfrakturrisiko sogar mehr, als wir es bei den Risikofaktoren allein

Tab. **6.1** Risikofaktoren für proximale Femurfrakturen.

In der Krankengeschichte
- Oberschenkelhalsfraktur bei der Mutter
- Gewichtsabnahme seit dem Alter von 24 Jahren
- Körpergröße im Alter von 25 Jahren

Eigene Angaben zur Gesundheit
- frühere Hyperthyreose
- keine körperliche Betätigung mit Belastung von Wirbelsäule und Hüfte
- < 4 Stunden täglich auf den Beinen
- jegliche Fraktur seit dem Alter von 50 Jahren
- Raucher
- Art der Stürze
- Alter
- Gebrauch von Benzodiazepinen mit Langzeitwirkung
- Gebrauch von Antikonvulsiva
- Übermäßiger Kaffeegenuß
- kein Östrogen-Gebrauch

Tab. **6.2** Risikofaktoren für proximale Femurfrakturen.

Körperliche Untersuchung
- Unfähigkeit, von einem Stuhl aufzustehen
- niedrigstes Quartil für Tiefenempfindung
- Niederfrequenz-Kontraktionsempfindlichkeit
- Ruhepuls > 80 Schläge/Minute

Tab. **6.3** Risikofaktoren für proximale Femurfrakturen.

Labortests
- verminderte Knochendichte des Kalkaneus
- verminderte Knochendichte am proximalen Femur
- Hüftachsenlänge
- geometrische Parameter vom Röntgenbild des proximalen Femurs
- Vitamin-D-Spiegel
- PTH-Spiegel
- Osteocalcin-Spiegel
- Knochen-Remodelling-Parameter

beobachten: Die Kombination von einer um ⅓ verringerten KMD und mehr als 5 Risikofaktoren erhöht das Schenkelhalsfrakturrisiko um das 27fache. Diese Analyse mag wertvoll sein, wenn es darum geht, entsprechend des Risikogrades einen Wert zu finden, bei dem eine Behandlung erfolgen sollte. Und sie mag bei der Entwicklung von Strategien helfen,

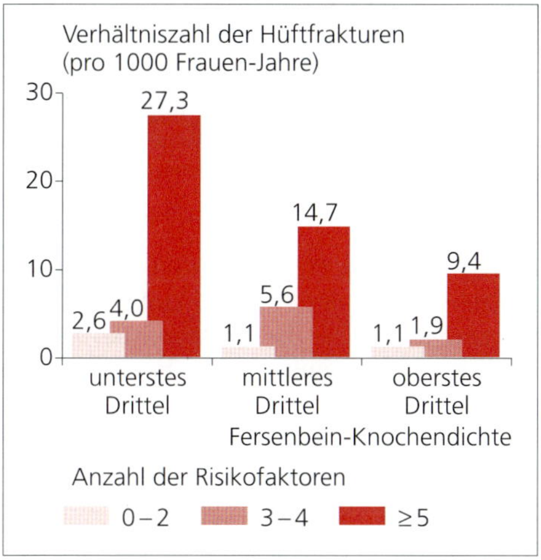

Abb. **6.1** Jährliches Hüftfraktur-Risiko je nach Anzahl der Risikofaktoren und der altersspezifischen Knochendichte des Fersenbeins.

den Risikofaktor per se einzubeziehen, in der Hoffnung auf eine Verringerung der Frakturrate.

In welcher Beziehung stehen Risikofaktoren mit dem Hüftfrakturrisiko? Beinhalten sie per se die Einflüsse auf die KMD oder beeinflussen sie das Risiko unabhängig von der KMD? Und, falls vorhanden, nimmt das Risiko auch bei solchen Patienten zu, deren KMD normal ist?

Oberflächlich betrachtet scheinen ein Übermaß an Schilddrüsenhormon oder der Gebrauch von Glukokortikoiden und ein fehlender Östrogeneinsatz als Risikofaktoren zu wirken, indem sie die KMD angreifen. Dasselbe mag für niedrige Vitamin-D-Spiegel oder erhöhte biochemische Indizes für den Knochenumsatz gelten. Die meisten Hüftfrakturen treten nach Stürzen ein, und in dieser Hinsicht scheinen Sehschwäche, eine beeinträchtigte Fähigkeit, aus einem Stuhl aufzustehen oder der Gebrauch von sedierenden Medikamenten logischerweise das Hüftfrakturrisiko zu beeinflussen, indem sie das Sturzrisiko erhöhen. Wer kann jedoch mit Gewißheit sagen, daß der Glukokortikoideffekt nicht, zumindest teilweise, durch einen nachlassenden Muskeltonus zum Tragen kommt, der zu Stürzen führt, oder daß Patienten mit Sehschwäche weniger laufen und dadurch an KMD verlieren?

In der Studie von Cummings et al. waren sogar nach KMD-Korrektur die Tatsache, daß die Mutter eine Hüftfraktur gehabt hatte, und daß die Person mit 25 Jahren groß war, noch signifikante Faktoren für das Hüftfrakturrisiko. Hängt diese Feststellung mit der Achsenlänge der Hüfte, der Hüftgeometrie oder anderen unmeßbaren Faktoren der Knochenqualität oder mit der genetisch-bedingten erreichten peak bone mass zusammen? Im Alter zwischen 50 und 59 Jahren beispielsweise wird bei 24 % der kaukasischen weiblichen Bevölkerung die KMD in der Wirbelsäule 1,0 SD unter der durchschnittlichen normalen KMD junger Menschen liegen und 15 % werden mehr als 2,5 SD darunter liegen, wenn an mehreren Stellen des Skeletts gemessen wird [3,4]. Könnte man die KMD perimenopausaler Frauen untersuchen, deren Mütter eine Hüftfraktur hatten, würden dies dann die Frauen sein, die zu Beginn der Menopause verringerte KMD-Werte aufweisen?

Die Analyse der Risikofaktoren zur KMD- oder Frakturprognose ist wichtig – sie kann Einblicke in die Pathophysiologie liefern und zu Interventionen veranlassen, die das Frakturrisiko verringern. Sind aber in der Einzelpraxis eines Arztes Risikofaktoren allein ausreichend überzeugend, um die Patienten für eine KMD-Messung auszuwählen? Oder für eine medikamentöse Behandlung? Sind sie ein Surrogat für die KMD-Bestimmung?
Die Antwort heißt: Nein!

Validität der verschiedenen Messungen

Die Präzisierung von Risikofaktoren als Ersatz für KMD-Messungen ist für die individuelle Patientenbetreuung ungeeignet. Slemenda et al. [5] haben beispielsweise eine Reihe (bis zu 10) von Risikofaktorwerten zur BMD-Prognose identifiziert und anschließend diese prognostizierten KMD-Werte mit den tatsächlich beobachteten KMD-Werten verglichen. Bei der KMD des Oberschenkelhalses klassifizierten die Risikofaktoren korrekt 65 % des untersten Tertils. Die Ärzte dürfen Patienten nicht einer medikamentösen Langzeitbehandlung aussetzen (und die Patienten werden dies nicht akzeptieren und befolgen), nur weil diese 8 Risikofaktoren aufweisen, die das Hüftfrakturrisiko erhöhen, ohne auch eine direkte KMD-Messung an einigen Skelettstellen durchzuführen.

Vor einer Betrachtung der radiologischen Techniken zur KMD-Messung verdient ein unabhängiger Risikofaktor für Hüftfrakturen einen besonderen Kommentar: das Lebensalter. Mit zunehmendem Alter steigt das Frakturrisiko, selbst nach KMD-Korrektur [6]. Ab dem Alter von 50 Jahren steigt das RR um das 1,5fache pro 5 Jahre Alter, und ab dem Alter von 65 Jahren verdoppelt sich das RR in jeweils 10 Jahren.

Drei weitere, nicht direkt mit der KMD zusammenhängende, aber radiologische Aspekte verdienen hinsichtlich des Hüftfrakturrisikos Aufmerksamkeit. Erstens der Effekt einer prävalenten, nicht-traumatischen Fraktur auf das zukünftige Hüftfrakturrisiko (Abb. **6.2**) [7,8]. Diese Verbindung ist wichtig, da prävalente Frakturen mittels Röntgenuntersuchung leicht identifizierbar sind. Da Wirbelkörperkompressionsfrakturen häufig asymptomatisch verlaufen [9], könnten Reihenuntersuchun-

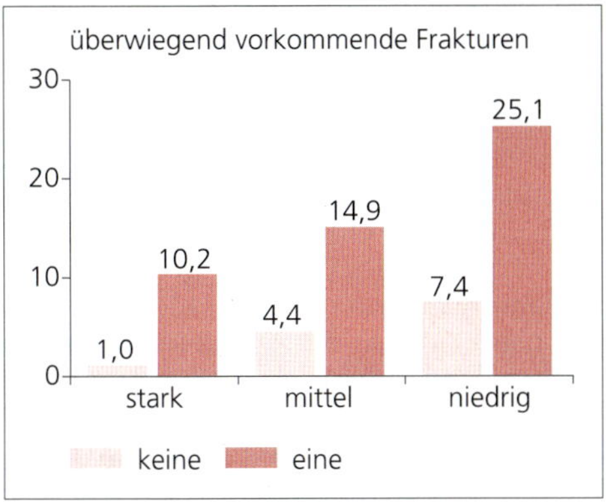

Abb. **6.2** Einflüsse der Knochenmasse und der am häufigsten vorkommenden Frakturen auf die relative Häufigkeit der Frakturen. Die Knochenmasse wurde in drei Gruppen mit einer jeweils gleichen Anzahl Patienten eingeteilt (stark, mittel, niedrig). Die Zahl oberhalb jeder Säule stellt die Verhältniszahl neuer Wirbelkörperfrakturen relativ zur Häufigkeit bei Frauen mit der höchsten Knochenmasse dar, bei denen überwiegend keine Frakturen vorlagen (Copyright 1993 by Hawaii Osteoporosis Foundation, Nachdruck mit freundlicher Genehmigung)

gen auf stumme Wirbeldeformationen in dieser Beziehung von Wert sein. Die Kombination geringer Knochenmasse und einer prävalenten Fraktur stellt ein besonders hohes Risiko dar. Zusätzlich unterstreichen diese Beobachtungen die Notwendigkeit, der ersten Fraktur vorzubeugen.

Weiters sind Hüftachsenlänge (HAL) und Hüftgeometrie selbständige Prognosefaktoren für das Hüftfrakturrisiko [10, 11]. Das Problem für den praktisch tätigen Arzt ist, wie er solche Befunderhebungen planen, messen und interpretieren soll. Auf den ersten Blick scheinen solche radiologischen Tests leicht durchführbar und verfügbar zu sein. Beide Messungen jedoch werden am besten von einem computergestützten Softwaresystem durchgeführt, das für die routinemäßige klinische Praxis nicht leicht adaptierbar ist. Während diese Techniken ein wertvolles wissenschaftliches und biologisches Konzept mit potentiell weitgefächerter praktischer Anwendung darstellen, erfordern sie Klarstellung und Modifikation, bevor Messungen von einem einzelnen Arzt zur Entscheidungsfindung herangezogen werden können.

KMD-Messung und Interpretation

Die Knochenmineraldichte bleibt weiterhin das einzige wirklich objektive anwendbare Mittel für den klinischen Gebrauch bei der Entscheidung über die Diagnose und Behandlung von Risikopatienten. Über die diagnostischen Schwellenwerte für Osteoporose herrscht inzwischen eine gewisse Einigkeit, basierend auf den Osteoporose- und Osteopeniekriterien der Weltgesundheitsorganisation (WHO) [12]. Wegen der anerkannten Vielfalt klinischer Umstände, die der Arzt in seine Beurteilung über eine erforderliche Behandlung einbeziehen muß, ist es schwieriger, Einigkeit über Schwellenwerte für die Intervention zu erzielen. Beispielsweise kann bei einer Person ohne Frakturen mit einem KMD von mehr als 2,5 SD unter dem Normalwert eines jungen Menschen eine Osteoporose bestehen; bedeutet nun die 2,5-SD-Grenze auch, daß dieser Wert als Ausgangswert für eine medikamentöse Behandlung zu betrachten ist?

Die Entscheidungen über eine Behandlung sind wahrscheinlich nicht so unterschiedlich, und die Ärzte können sich bei Personen mit variabler und geringer KMD-Verringerung für eine Behandlung entscheiden, wenn die Gesamtbeurteilung die KMD und eine gewisse Zahl oder gewisse Typen von Risikofaktoren berücksichtigt. So können Risikofaktoren den Entscheidungsfindungsprozeß ergänzen.

Hinsichtlich der KMD, dem Goldstandard sowohl für die Diagnose als auch für die Behandlung, stellen sich folgende Fragen: An welchen Skelettstellen soll gemessen werden, in welchem Alter und mit welchen Techniken? Spongiöser Knochen (Abb. **6.3**) schwindet in der Postmenopause rascher und früher als kortikaler Knochen [13]. Daher wird in frühen postmenopausalen Jahren geringe Knochenmasse öfter identifiziert, wenn spongiöser Knochen untersucht wird, als bei einer Untersuchung kortikalen Knochens. Jedoch besteht sogar bei der perimenopausalen Population keine Übereinstimmung bei der Knochenmasse an multiplen Skelettstellen (Abb. **6.4**) [14]. Daher ist es am besten, sowohl spongiösen Knochen (Wirbelsäule, Kalkaneus) als auch kortikale Knochenstellen bei dieser Population zu messen, um zu verhindern, daß die Diagnose geringer Knochenmasse versäumt wird.

Bei der älteren Population steigt die Einheitlichkeit der Knochenmasse an verschiedenen Skelettstellen beim einzelnen Patienten. Sogar bei der älteren weiblichen kaukasischen Population (> 80 Jahre), bei der zur Diagnose einer Osteoporose am proximalen Femur gemessen wird (> 2,5 SD), jedoch werden nur knapp 50 % der betroffenen Patienten aufgespürt, während bei diesem KMD-Wert bei annähernd 80 % der Population die Diagnose gestellt wird, wenn an multiplen Skelettstellen gemessen wird. Daher sollten bei allen Patienten aller Altersstufen sowohl Messungen von Wirbelsäule und Hüfte oder von Ferse und Hüfte durch-

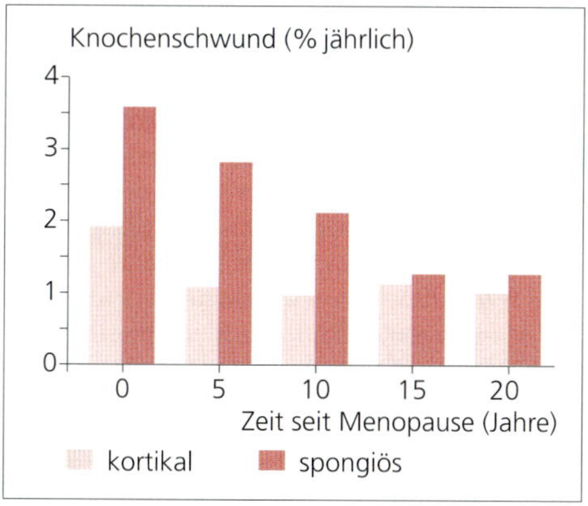

Abb. **6.3** Durchschnittliche Knochenschwundraten bei Frauen nach der Menopause, festgestellt an kortikalen oder überwiegend spongiösen Stellen, nach einer Literaturübersicht berechnet.

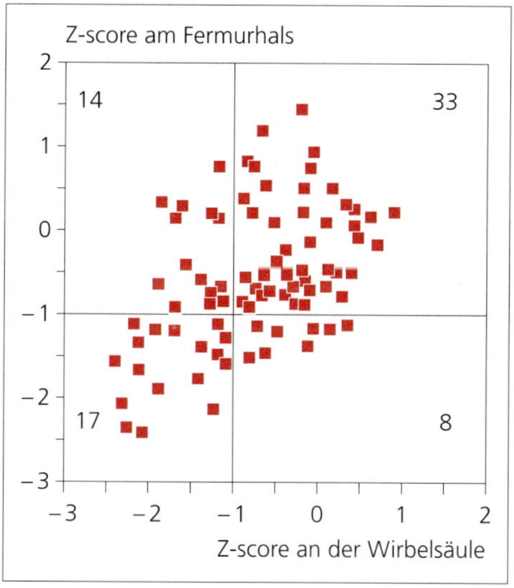

Abb. **6.4** Korrelation zwischen den z-Scores an der Wirbelsäule und am Femurhals, bei 85 Frauen nach früh einsetzender Menopause ($y = 0{,}47$, $x = -0{,}262$, $r = 0{,}467$, $p < 0{,}001$).

geführt werden. Insofern ist daher eine Messung an jeglicher Skelettstelle bei der älteren Population in Hinblick auf das Hüftfrakturrisiko aussagekräftig, wenn der Wert zu niedrig ist.

Tatsächlich war es in den Frakturstudien der KCSF-Gruppe durch eine Messung von spongiösem Knochen des Kalkaneus sehr gut möglich, ein Hüftfrakturrisiko zu prognostizieren, wenn auch etwas weniger sicher als mittels DXA-Untersuchung des Oberschenkelhalses. Anschließend zeigte sich anhand der Ergebnisse dieser Gruppe und mehrerer anderer Prospektivstudien, daß per se ein lokalisations-spezifischer Vorteil einer Messung der Hüfte gegenüber Messungen an anderen Skelettstellen hinsichtlich der Prognose eines Hüftfrakturrisikos besteht [15]. Es muß jedoch nochmals betont werden, daß es in erster Linie auf eine niedrige KMD der Hüfte ankommt, wenn man bedenkt, daß ab dem Alter von 80 Jahren weniger als 50 % das WHO-Kriterium für Osteoporose erfüllen, wenn nur an der Hüfte gemessen wird.

Hinsichtlich möglicher anderer Vorteile von unterschiedlichen Meßlokalisationen haben Greenspan und Kollegen Daten geliefert, die zeigen, daß bei Frauen und Männern mit einer pertrochantären Fraktur die KMD am Trochanter niedriger ist als die KMD des Oberschenkelhalses [16]. Es wird vorgeschlagen, an beiden Hüftstellen unabhängige Messungen durchzuführen. Zusätzlich präsentierte die französische Gruppe aus Lyon in einem Abstract beim ASBMR-Treffen in Baltimore im September 1995 Daten, denen zufolge eine Messung der KMD des Trochanters eine Hüftfraktur am besten prognostizieren ließ [17].

Ultraschall hat allmähliche Fortschritte als mögliche Alternativtechnik für die Frakturprognose gemacht. Eine Reihe von Querschnittsstudien hat gezeigt, daß Ultraschall Wirbelkörper- und Hüftfrakturen ebenso vorhersagen läßt wie DXA [18]. Über die erste prospektive Langzeitstudie, in der diese beiden Techniken verglichen werden, wurde erst vor kurzem berichtet [19]. Während das relative Risiko um das 2,0fache pro SD KMD-Verringerung am Oberschenkelhals zunahm und bei den Ultraschallparametern ähnlich war (Schallgeschwindigkeit, SOS und Breitband-Ultraschallabschwächungen, BUA), sagten diese Ultraschallparameter nach einer Oberschenkelhals-korrigierten KMD auch unabhängig eine Hüftfraktur vorher (RR 1,8 bzw. 1,7). Das läßt darauf schließen, daß sich Ultraschall dafür anbietet, noch andere Knocheneigenschaften neben der KMD zu messen, die eine Hüftfraktur vorhersagen. Außerdem stieg bei einer Kombination von Ultraschall und KMD-Parametern in einen abgeleiteten Wert mit der Bezeichnung Med (Mikroarchitektur, Elastizität und Dichte = Härte X [1 + FN KMD]) das RR auf 2,7, so daß eine Kombination von KMD und Ultraschall eine Hüftfraktur besser prognostizieren ließ als eine Technik allein.

Altersabhängiges Sceening?

In welchem Alter schließlich sollte ein Osteoporose-Screening durchgeführt werden, um Personen mit hohem Hüftfrakturrisiko zu identifizieren? Ich würde vorschlagen, zum Zeitpunkt der Menopause, dabei berücksichtige ich die Tatsache, daß bei Anwendung von –2,5 SD als Grenzlinie für die Osteoporosediagnose nur 4% der 50–59jährigen Frauen der kaukasischen Population diesen Wert im Oberschenkelhals erreichen werden und 15% unter dem 2,5 SD liegen werden, wenn an multiplen Skelettstellen gemessen wird. Eine Identifizierung von Personen mit geringer, aber möglicherweise relevanter Knochenmasseverringerung (Osteopenie, > 1,0–2,5 SD) ist jedoch wichtig, da das Frakturrisiko ein Gradient ist. Bei Verwendung dieses Kriteriums würden bei Messung der Wirbelkörper-Knochenmasse 24% der perimenopausalen Population (50–59 Jahre) identifiziert [4], und bei alleiniger Messung am Oberschenkelhals 60% dieser Altersgruppe (Nahanes-Abbildung) [20].

Wenn die Menopause als Zeitpunkt akzeptiert wird, an dem zum Zweck der Identifizierung von Risikopatienten eine weitgefächerte KMD-Messung Anwendung finden sollte, so ist es wichtig zu erkennen, daß selbst solche Personen, die in die Postmenopause kommen (im Alter von 50 Jahren) und eine hohe Knochenmasse aufweisen (+ 1,0 SD über dem Normalwert junger Menschen), im Alter von 61 Jahren ohne Behandlung eine Osteoporose entwickeln können (> 2,5 SD), wenn es zu einem raschen Knochenschwund kommt [21]. Daher ist auch bei dieser Gruppe eine periodische Neubewertung der KMD erforderlich.

Als das beste Alter für die Durchführung einer KMD-Messung im Rahmen des Osteoporose-Screenings wurde 63 Jahre vorgeschlagen, basierend auf Berechnungen, denen zufolge zwischen Frauen, die im Alter von 63 Jahren mit einer Östrogenersatztherapie (HRT) beginnen und eine 5%ige Zunahme der KMD erreichen, und anderen, die erst mit 65 Jahren eine HRT-Behandlung beginnen, ein geringer Unterschied bei der KMD bestunde [22]. Dieses Modell setzt aber voraus, daß diese Patientinnen bei Eintritt in die Menopause eine normale KMD aufweisen und eine durchschnittliche Knochenschwundrate von 2%/Jahr haben, wobei für viele Frauen dieser Population beides nicht zutrifft.

Da diagnostische Schwellenwerte nicht notwendigerweise mit einem Behandlungsbeginn gleichzusetzen sind, ist es von großer Bedeutung, bei Risikopatienten die Diagnose zu stellen. Daher kann eine Diagnosestellung zur Zeit der Menopause die beste Gelegenheit bieten, zukünftige Frakturopfer zu schützen. Die Ärzte sollten die KMD-Messung mittels irgendeiner Technik wahrnehmen, um Risikopatienten zu identifizieren. Die alleinige Analyse der Risikofaktoren genügt nicht. Eine Analyse der Risikofaktoren zusammen mit KMD-Messungen kann jedoch dabei helfen, den Zeitpunkt einer erforderlichen Behandlung zu wählen, um Risikopatienten bestmöglich zu schützen.

Literatur

1 Melton LJ III, et al.: Lifetime fracture risk: an approach to hip fracture risk assessment based on bone mineral density and age. J Clin Epidemiology 41: 985–994 (1988)
2 Cummings SR et al.: Risk factors for hip fractures in white women. J Engl J Med 332: 767–773 (1995)
3 Hall ML et al.: The range of bone density in normal British women. Brit J Radiology 63: 266–269 (1990)
4 Melton LJ III: How many women have osteoporosis now? J Bone Miner Res 10: 175–177 (1995)
5 Slemenda CW et al.: Predictors of bone mass in perimenopausal women: a prospective study of clinical data using photon absorptiometry. Ann Int Med 112: 96–101 (1990)
6 Hui SL et al.: Age and bone mass as predictor of fracture in a prospective study. J Clin Invest 81: 1804–1809 (1988)
7 Ross PD et al.: Pre-existing fractures and bone mass predict vertebral fracture incidence in women. Ann Int Med 114: 919–923 (1991)
8 Kotowicz MA et al.: Risk of hip fracture in women with vertebral fracture. J Bone Miner Res 4: 599–605 (1994)
9 Cooper C et al.: Incidence of clinically diagnosed vertebral fractures: a population based study in Rochester, Minnesota, 1985–1989. J Bone Miner Res 7: 221–227 (1992)
10 Faulkner KG et al.: Simple measurement of femoral geometry predicts hip fracture: the study of osteoporotic fractures. J Bone Miner Res 8: 1211–1217 (1993)
11 Gluer GC et al.: Prediction of hip fractures from pelvic radiographs: The study of osteoporotic fractures. J Bone Miner Res 9: 671–677 (1994)
12 WHO Study Group: Assessment of fracture risk and it application to screening for postmenopausal osteoporosis. WHO Technical Report Series, Geneva 5–6 (1994)
13 WHO Study Group: Assessment of fracture risk and its application to screening for postmenopausal osteoporosis. WHO Technical Report Series,Geneva 55 (1994)
14 Pouilles JM, Tremollieres F, Ribot C: Spine and femur densitometry at the menopause: Are both sites necessary in the assessment of the risk of osteoporosis? Calcif Tissue Int 52: 344–347 (1993)
15 Cummings SR et al.: Bone density at various sites for prediction of hip fractures. Lancet 341: 72–75 (1993)
16 Greenspan SL et al.: Trochanteric bone mineral density is associated with type of hip fracture in the elderly. J Bone Miner Res 9: 1889–1894 (1994)
17 Schott AM et al.: Total body and femoral neck BMD predict hip fracture in 7598 population based very elderly women: The Epidos prospective study. J Bone Miner Res 146: (1995)
18 Turner CH et al.: Calcaneal ultrasound measurement discriminate hip fracture independently of bone mass. Osteoporosis Int 5: 130–135 (1995)

19 Hans D et al.: Ultrasound parameters predict hip fracture independently of hip bone density: The Epidos prospective study. J Bone Miner Res 169 (1995)

20 Looker AL et al.: Prevalence of low femoral bone density in older vs women from NHANES III. J Bone Miner Res 10: 796–802 (1995)

21 Kanis JA et al.: Screening techniques in the evaluation of osteoporosis. In Drife JO, Studd JWW, eds.: HRT and Osteoporosis. Springer Verlag, London 135–147 (1990)

22 Ettinger B, Grady D: Maximizing the benefit of estrogen therapy for prevention of osteoporosis. Menopause: J North Am Menopause Soc 1: 19–24 (1994)

7. Differentialdiagnose osteoporotischer Wirbelkörperfrakturen

D. Felsenberg

Einleitung

Die Fraktur eines Wirbelkörpers wird in Interventionsstudien ebenso wie in epidemiologischen Studien als wichtigstes Nachweiskriterium der Osteoporose gewertet. Die Wirbelkörperfrakturen gehen dabei immer mit einer Verformung des Wirbelkörpers einher.

Die Einschätzung, welche Wirbelsäule als osteoporotisch zu gelten hat und welche nicht, unterliegt sehr stark subjektiven Kriterien, insbesondere, wenn der diagnostizierende Arzt keine ausreichende Erfahrung in der Osteoporosediagnostik aufweist [2].

Die nachfolgende Darstellung von Wirbelkörperverformungen stellt lediglich eine Auswahl von Möglichkeiten dar und ist nicht vollständig.

Diagnose der Wirbelkörperdeformation

Herstellung der konventionellen Röntgenaufnahme

Die konventionelle Röntgenaufnahme in 2 Ebenen stellt die primäre Untersuchungsmethode zur Diagnose der Wirbelkörperdeformation dar. In epidemiologischen Studien wird häufig aus Strahlenschutz- und Kostengründen auf die 2. Ebene (anteriore/posteriore Strahlenrichtung) verzichtet, die in der Routinediagnostik obligatorisch ist. Da nur eine morphometrische Beurteilung der Wirbelkörperform erfolgen soll, ist dieser Verzicht zu rechtfertigen. Dennoch stellt auch die anterior-posteriore Röntgenaufnahme eine wichtige Quelle morphologischer Informationen dar.

Die Anfertigung der Röntgenaufnahme sollte immer nach einem festen Protokoll erfolgen, damit im Verlauf Veränderungen der Wirbelkörperform sicher beurteilt werden können. Zur suffizienten Positionierung des Patienten (korrekte Fokussierung des Röntgenstrahls, Ausgleich einer Skoliose, parallele Lagerung der Wirbelsäule zum Röntgenfilm, exakte seitliche Lagerung, etc.) und besseren Reproduzierbarkeit a

b

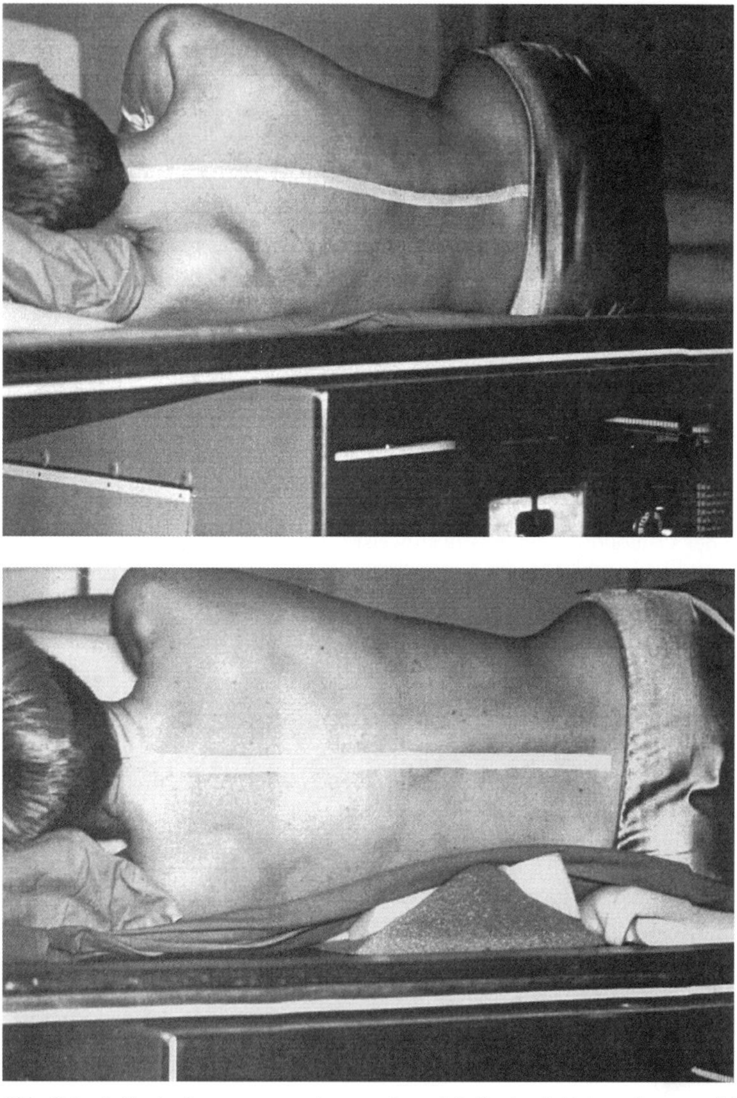

Abb. **7.1** Patientenlagerung zur standardisierten Röntgenaufnahme der Wirbelsäule im seitlichen Strahlengang. Eine Wirbelsäulenskoliose (**a**) kann häufig durch Unterpolsterung (**b**) ausgeglichen werden. Im Idealfall liegt die Wirbelsäule völlig horizontal und parallel zur Filmkassette.

a b

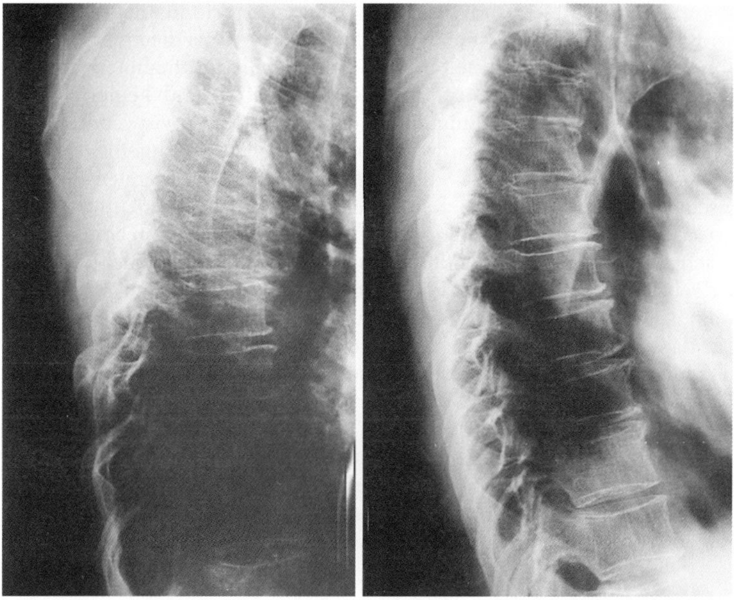

Abb. **7.2** **a** Röntgenaufnahme der Brustwirbelsäule im seitlichen Strahlengang mit konventioneller Technik. Starke Strahlenabsorption im oberen BWS-Bereich und konsekutiver Verminderung der Kontraste sowie Überlagerung der Wirbelsäule durch Lungenstruktur. **b** Veratmungstechnik mit Verwischung der Lungenstruktur und des Zwerchfellschattens. Die Wirbelkörperkonturen sind deutlich abgrenzbar.

der Röntgenaufnahme wird die Untersuchung im Liegen bevorzugt [6] (Abb. **7.1 a** u. **b**).

Bei der Aufnahme der Brustwirbelsäule wird eine Veratmungstechnik mit langer Expositionszeit (> 500 ms) bevorzugt, um Überlagerungen durch Lungen- und Zwerchfellstrukturen zu verwischen (Abb. **7.2 a** u. **b**) [4].

Herstellung digitaler Röntgenbilder zur Wirbelkörpermorphometrie

Für Screeninguntersuchungen sind konventionelle Röntgenuntersuchungen wegen der relativ hohen Strahlendosis (> 700 µSv effektive Ganzkörperdosis) nur eingeschränkt einsetzbar [8]. Laterale Röntgenaufnahmen zur Wirbelkörpermorphometrie können auch mit modernen MXA-(Morphometric X-ray Absorptiometry-)Geräten bei deutlich geringerer Dosis (50–250 µSv) erzeugt werden. Die Bildqualität der digitalen Röntgenaufnahmen ist aber deutlich schlechter als die einer konventionellen Röntgenaufnahme [5, 7, 13]. Die digitalen Aufnahmen sind daher ausschließlich zur morphometrischen Analyse und keinesfalls zur morphologischen Beurteilung der Knochenfeinstruktur verwendbar.

Die MXA-Aufnahmen werden in Rückenlage durchgeführt, wobei die Röntgenröhre und das Detektorsystem um 90° zur lateralen Position geschwenkt werden. Hierbei sind bereits grundsätzliche Unterschiede zwischen konventioneller Röntgenaufnahme und digitaler Technik zu beobachten. In Rückenlage kann eine Wirbelsäulenskoliose nicht, wie bei der seitlichen Lagerung des Patienten, ausgeglichen werden. Bei ausgeprägter Skoliose ist die digitale Technik daher nur eingeschränkt anwendbar, da eine zu starke Konturüberlagerung der Wirbelkörperendplatten die morphometrische Auswertung erschwert oder unmöglich macht.

Ein beachtenswerter Vorteil der digitalen Technik ist die komplette Erfassung der gesamten Brust- (T4–T12) und Lendenwirbelsäule (L1–L5) auf einem Bild, sowie die projektionsfehlerarme Darstellung durch den schrittweisen Scannvorgang. Hierbei trifft der Röntgenstrahl jeweils senkrecht auf den Wirbelkörper. Projektionsprobleme ergeben sich in reduzierter Form lediglich durch die Überlagerung der röhrennahen und

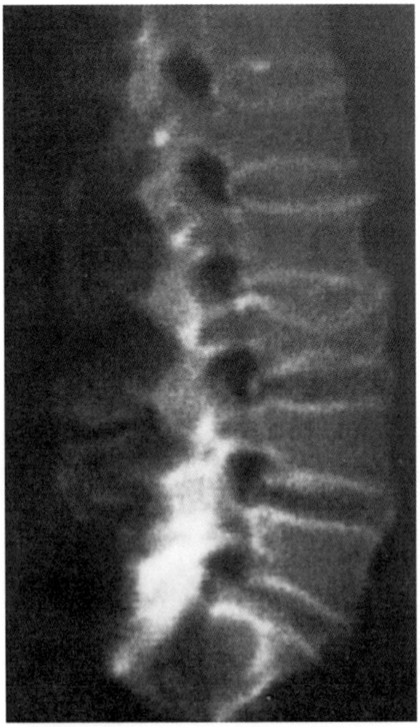

Abb. **7.3** Digitales Röntgenbild eines Wirbelsäulenpräparates mit Bikonkavitätsfraktur bei L3 zur morphometrischen Wirbelkörperuntersuchung (QDR 2000 Plus, Hologic Waltham).

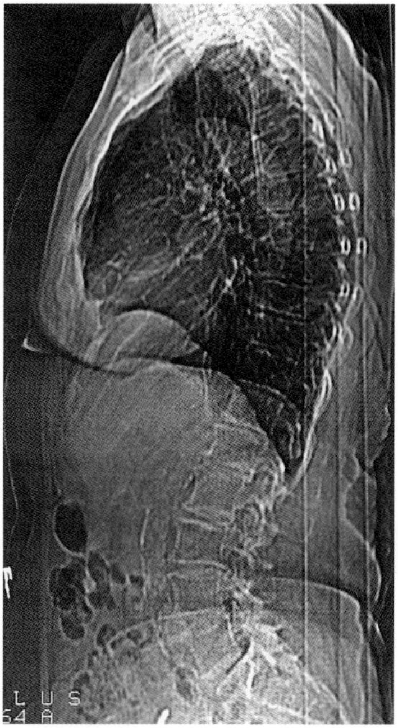

Abb. **7.4** Computertomographisches laterales digitales Radiogramm der Wirbelsäule (Somatom Plus S, Siemens, Erlangen).

röhrenfernen Wirbelkörperkanten. Die Endplattenkonturen werden dadurch verbreitert dargestellt (Abb. **7.3**).

Digitale laterale Radiogramme der gesamten Wirbelsäule sind auch mit einem konventionellen Ganzkörpercomputertomographen zu erzielen (Abb. 7.4). Der Unterschied zur MXA-Methode besteht darin, daß im CT der Patient an der seitlich positionierten Röhre vorbeifährt, während bei der MXA-Untersuchung die Röhre am Patienten vorbeifährt.

Morphometrie der Wirbelkörper

Zur Beurteilung einer Wirbelkörperverformung werden vorwiegend digitale Meßmethoden eingesetzt. Dabei können die Wirbelkörper direkt auf dem Röntgenbild mit Hilfe eines Maus/Kalliper-Systems auf einem Durchlicht-Digitalisierboard (Abb. **7.5**) oder die digitalisierten MXA- oder Röntgenbilder auf dem Monitor (Abb. **7.6**) vermessen werden.

Abb. **7.5** Ausrüstung zur direkten digitalen, morphometrischen Auswertung von Röntgenbildern.

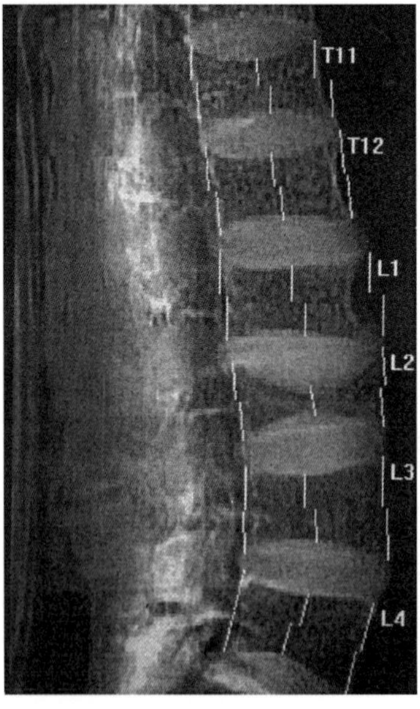

Abb. **7.6** Morphometrische Diagnostik eines Lendenwirbelsäulenpräparates mit der MXA-Methode (Expert, Lunar, Madison).

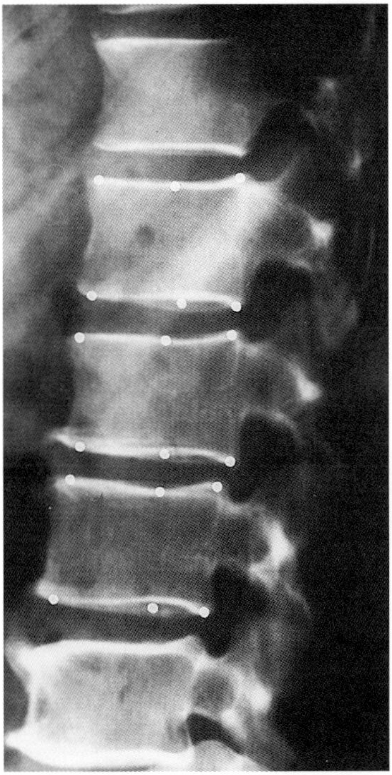

Abb. **7.7** Quantitative Diagnostik der Wirbelkörperverformung durch anteriore, mediale und posteriore Höhenmessung der Wirbelkörper. Indexberechnung durch a/p-, m/p- und p/p-Indizes.

Die Wirbelkörperverformung wird diagnostiziert und quantifiziert, indem die anteriore (a), mediale (m) und posteriore (p) Wirbelkörperhöhe gemessen und das Verhältnis von a/p, m/p und $p/p_{1,2}$ ($p_{1,2}$ = posteriore Höhe der benachbarten Wirbelkörper) berechnet wird (Abb. 7.7). Unterschreitet dieser Wert einen bestimmten Grenzwert, so wird eine Deformierung/Fraktur angenommen. Die Festlegung des Schwellenwertes erfolgt willkürlich (z.B. nach Eastell/Melton [3], McCloskey/Kanis [10], SDI nach Minne [11], EVOS-Definition nach Felsenberg [14], etc.).

Die Bestimmung der Wirbelkörpergeometrie quantifiziert lediglich das Ausmaß einer Verformung, vermittelt jedoch keine qualitative Aussage. Dabei ist der Grundsatz zu beachten, daß jede Wirbelkörperfraktur mit einer Deformation des Wirbelkörpers einhergeht, aber nicht jede Wirbelkörperdeformation einer Fraktur entspricht.

Die Diagnose der osteoporosebezogenen Fraktur kann somit nicht allein durch die Bestimmung der Wirbelkörperverformung erfolgen, sondern muß immer gleichzeitig eine qualitative Beurteilung der Röntgenaufnahme durch einen in der Diagnose der Osteoporose erfahrenen Radiologen beinhalten. Die Differentialdiagnose der Wirbelkörperverformung wird im folgenden dargelegt.

Typische osteoporosebezogene Wirbelkörperfraktur

Grundsätzlich muß angemerkt werden, daß die osteoporosebezogene Wirbelkörperfraktur eine Sinterungsfraktur darstellt. Dabei senken sich die Knochenstrukturen üblicherweise nach innen, wobei die zentralen Knochenstrukturen verdichtet, aber auch, infolge von Resorptions-

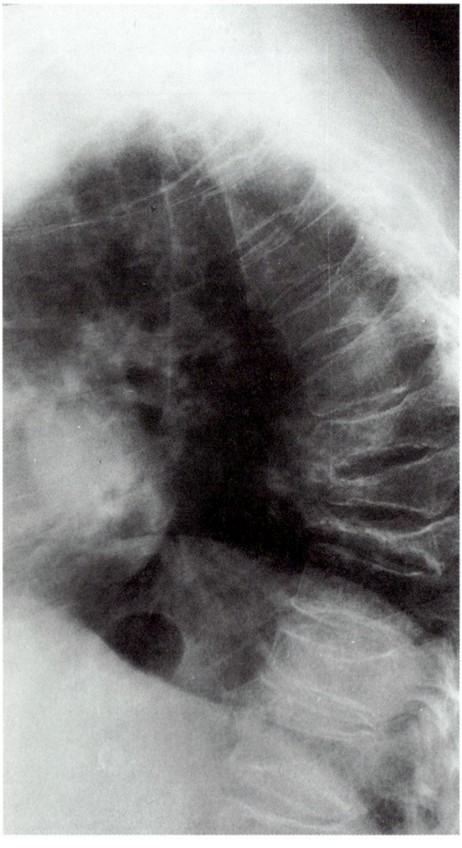

Abb. **7.8 a**

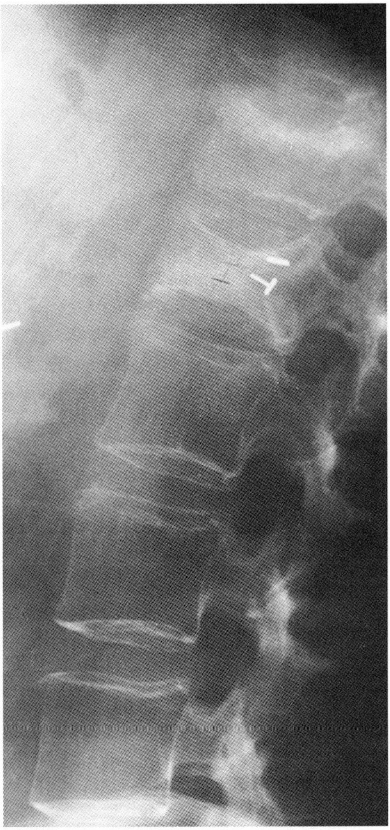

Abb. **7.8 b**

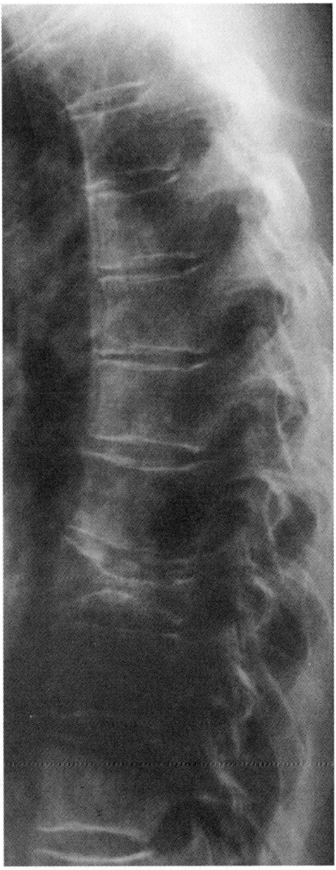

Abb. **7.8 c**

vorgängen, weiterhin vermehrt transparent erscheinen können. Besonders zu beachten ist die Strahlentransparenz und Struktur des einer Fraktur benachbarten Wirbelkörpers. Sofern Rahmenwirbelbildung oder eine betonte Vertikalstruktur erkennbar wird, unterstreicht dies das Vorhandensein einer osteoporosebezogenen Fraktur. Die Frakturwirbel können verschiedene Formen annehmen – Keilwirbel, Konkavitätswirbel und Kompressionswirbel oder Platt-(Flach-)wirbel (Crush) (Abb. **7.8 a–d**).

Klinisch ist bei einer osteoporosebezogenen Fraktur typischerweise keine neurologische (radikuläre) Symptomatik zu beobachten. Sehr selten ist eine verzögert auftretende Querschnittssymptomatik beschrieben worden, da bei der Wirbelkörpersinterung die Knochenbruchstücke vorwiegend nach innen kollabieren [1, 12]. Nur bei einem akuten Begleit-

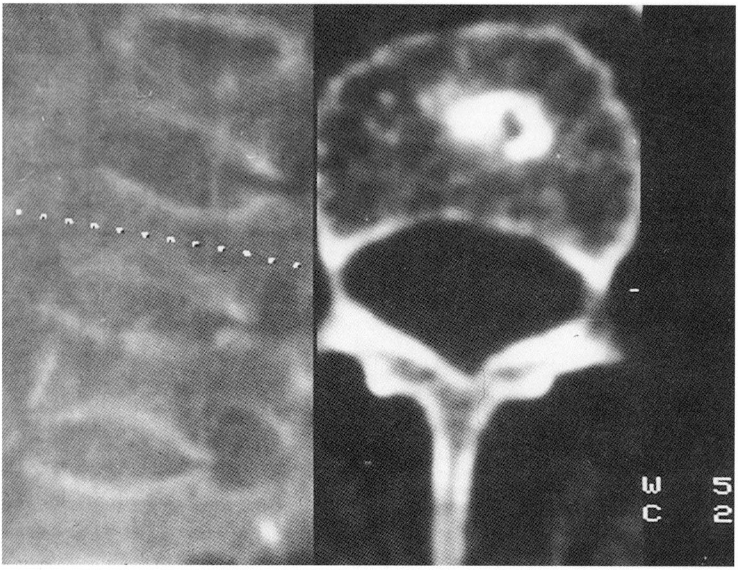

Abb. **7.8 a–d** Osteoporotische Wirbelkörperfrakturen. Bei der Sinterungsfraktur wird der dorsoventrale Durchmesser des Wirbelkörpers nicht wesentlich verändert. **a** Brustwirbelsäule mit multiplen Frakturen, die teilweise Mischformen der Frakturtypen aufweisen; vorwiegend (Bi-)Konkavitätsform bei TH8, TH12 und L1, Keilform bei TH6 (+ Konkavitätsfraktur der Grundplatte) und TH9. Komplette Kompressionsform (Crush-Wirbel) bei TH10. **b** Typische Bikonkavitätsfraktur bei L1. **c** Kompressionsfraktur mit deutlicher Höhenminderung der posterioren Elemente. **d** Computertomographische Darstellung osteoporotischer Wirbelkörperfrakturen: im axialen Schnitt weitgehende Erhaltung der Form und keine Fragmentierung. Deutliche Verdichtung und Inhomogenität der Spongiosa durch Anschnitt der eingebrochenen Grundplatte.

trauma können die Fragmente durch die Wucht der Kompression in den Spinalkanal eindringen und zu einer Kompression des Myelons oder der Cauda equina führen. Noch seltener werden Irritationen der Nervenwurzeln mit radikulärer Symptomatik durch osteoporotische Wirbelkörperfrakturen beobachtet.

Bei der Differenzierung der Wirbelkörperdeformierungen ist besonders die Länge der dorsoventralen Achse (in Höhe der mittvertebralen Ebene) und die Breite der benachbarten Bandscheibenfächer von Bedeutung. Typischerweise wird der dorsoventrale Wirbelkörperdurchmesser bei einer osteoporotischen Wirbelkörperfraktur nicht oder nur sehr gering verändert. Dies ist daran zu erkennen, daß die anteriore Verbindungslinie der Wirbelkörpervorderkanten durch einen frakturierten

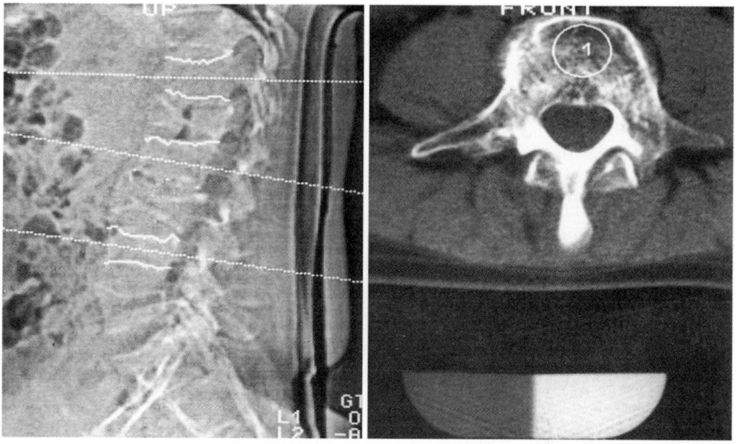

Abb. **7.9** Computertomographische Darstellung osteoporotischer Wirbelkörperfrakturen nach einem akuten Ereignis, teilweise mit Vergrößerung des dorsoventralen Durchmessers (L1 und L3). Im axialen Schichtbild eines nicht vergrößerten, frakturierten Wirbelkörpers wird die Inhomogenität und Verdichtung der Spongiosa durch die Sinterungsfraktur deutlich.

(gesinterten) osteoporotischen Wirbelkörper nicht überschritten wird (s. Abb. **7.8 d**).

Natürlich können Sinterungsfrakturen und traumatische Wirbelkörperfraktur gleichzeitig vorliegen (s. Abb. **7.9**). In diesen Fällen sind die oben genannten Kriterien nur wenig hilfreich.

Bei einer osteoporotischen Sinterungsfraktur (insbesondere bei Bikonkavitätsfrakturen) verschiebt sich das Verhältnis der projizierten Wirbelkörperfläche zur Zwischenwirbelraumfläche in Richtung des Zwischenwirbelraums. Der Zwischenwirbelraum vergrößert sich im Verhaltnis zum Wirbelkörper (s. Abb. **7.8 c**). Bei einer Deformierung eines Wirbelkörpers als Folge degenerativer Veränderungen als auch beim M. Scheuermann wird der Zwischenwirbelraum eher schmaler dargestellt. Es ist daher bei der differentialdiagnostischen Betrachtung immer auf degenerative Wirbelkörperveränderungen zu achten, als auch auf die Höhe des Zwischenwirbelraumes und auf das Vorhandensein von Schmorlschen Knorpelknötchen.

Bei korrekter differentialdiagnostischer Abgrenzung ist die Prävalenz der Osteoporose sicher geringer einzuschätzen, als bisher vermutet wurde.

Traumatische Wirbelkörperfraktur

Die traumatische Wirbelkörperfraktur weist häufig ebenfalls eine Keil- oder Konkavitätsform auf. Bei der Hyperflexionsfraktur (häufige Ursache der keilförmigen Fraktur) tritt eine ventrale und mittlere Verdichtungszone sowie Stufenbildung (Erker) an der vorderen oberen Wirbelkörperdeckplatte auf. Das akute Trauma führt nicht selten zu einer Vergrößerung des Korpusdurchmessers, da die Fragmente bei einem akuten Kompressionsereignis in alle Richtungen auseinandergepreßt werden (Abb. **7.10**). Dabei können auch Fragmente in den Spinalkanal eindringen und das Myelon oder die Cauda equina verletzen oder komprimieren.

Die differentialdiagnostische Abgrenzung zur osteoporotischen Wirbelkörperfraktur ist häufig äußerst schwierig, insbesondere bei älteren Frakturen. Die strukturelle Analyse der benachbarten Wirbelkörper kann dabei hilfreich sein (s. o.). Bei gleichzeitigem Vorliegen einer niedrigen Knochenmasse kann die Diagnose zusätzlich gesichert werden. Der Nachweis eines Glissment des frakturierten oder eines benachbarten Wirbelkörpers würde ebenfalls die Diagnose einer traumatischen Genese erhärten, da Verletzungen der Wirbelgelenke oder der Bandstrukturen bei der osteoporotischen Fraktur nicht zu erwarten sind.

Bei Jugendlichen treten gelegentlich traumatisch bedingte Abscherungen der Randleiste auf, was eine angedeutete Keilform des Wirbelkörpers bedingt.

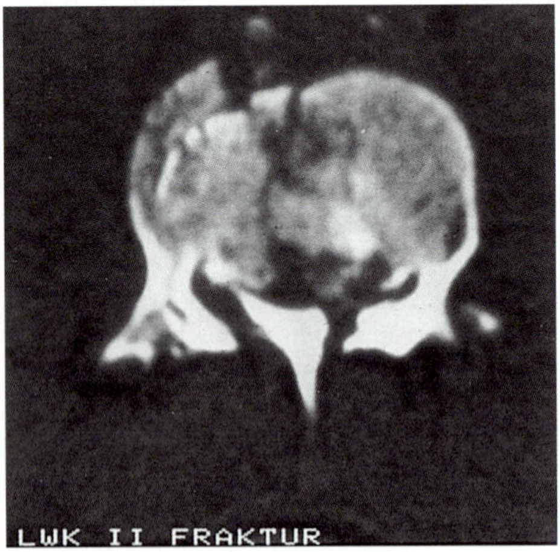

Abb. **7.10** Traumatische Wirbelkörperfraktur im CT-Bild. Berstungsfraktur mit Fragmentierung des Wirbelkörpers und Kompression des Spinalkanals.

Persistierende Chorda dorsalis

Die Chordarückbildungsstörung führt zu bogenförmigen Impressionen der dorsalen Deck- und Grundplatten infolge verbliebener Chordareste. Die Impressionen sind polysegmental und am häufigsten und ausgeprägtesten in der Lendenwirbelsäule zu finden. Wachstumsstörungen liegen nicht vor, da die Randleisten nicht mitbetroffen sind. Diese Veränderungen sind klinisch völlig ohne Bedeutung, täuschen aber bei der Wirbelkörpervermessung Bikonkavitätswirbel vor. Die differentialdiagnostische Abgrenzung gegen eine osteoporotische Wirbelkörperfraktur kann über den polysegmentalen Befall erfolgen.

Morbus Scheuermann

Der Morbus Scheuermann (Adoleszentenkyphose) ist gekennzeichnet durch eine Hyperkyphose der Brustwirbelsäule, die als Folge multipler, mehr oder weniger stark ausgebildeter Keilwirbel anzusehen ist. Die Keilwirbel sind häufig über einen größeren Abschnitt der Wirbelsäule kontinuierlich verteilt (≥ 3 Wirbelkörper) und nicht streng segmental. Eine angulär segmentale Knickbildung entsteht nur, wenn ein größerer intraspongiöser Diskusprolaps vorliegt. Üblicherweise wird ein enger, aber homogener Bogen (Hyperkyphose) gebildet. Zudem treten gehäuft unregelmäßige, verdichtete Endplatten auf mit welligen Konturen. Schmorlsche Knorpelknötchen sind relativ typisch beim M. Scheuermann (wenn 3 und mehr), können aber auch bei anderen Erkrankungen (auch bei Osteoporose) vorhanden sein.

Die Knorpelknötchen liegen beim M. Scheuermann bevorzugt im ventralen und mittleren Endplattendrittel. Ein pathognomonisches Zeichen ist das Edgren-Vaino-Zeichen, bei dem vis á vis des Schmorlschen Knorpelknötchens eine Protuberanz der benachbarten Endplatte zu erkennen ist (Abb. **7.11**). Die Ausbildung dieser Vorwölbung ist nur zu einem Zeitpunkt des Knochenwachstums möglich. Neben der Keilform ist auch eine ventral betonte Abnahme der Diskushöhe nachzuweisen. Im schmalen Zwischenwirbelraum findet sich beim Diskusabriß auch ein Vakuumphänomen. Gelegentlich wird ein vergrößerter a.-p. Wirbeldurchmesser beobachtet.

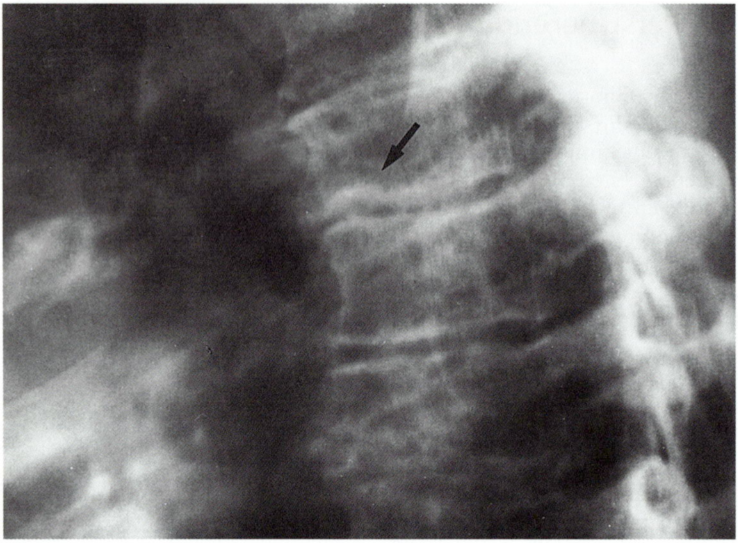

Abb. **7.11** Morbus Scheuermann mit keilförmiger Deformierung der Wirbelkörper und Nachweis des pathognomonischen Edgren-Vaino-Zeichens (Pfeil).

Plasmozytomwirbel

Das Plasmozytom ist der häufigste maligne Primärtumor des Knochens. Der Tumor findet seinen Ursprung im Knochenmark. Die häufigste Skelettmanifestation ist der Schädel, die Wirbelsäule, die Rippen und das Becken, prinzipiell kann jedoch jeder Knochen befallen werden. Da vielfach mehrere Herde vorzufinden sind, wird diese Erkrankung auch multiples Myelom genannt. Beim Befall der Wirbelsäule kann ein Bild der diffusen Osteoporose vorgetäuscht werden mit Frakturen, ohne erkennbare umschriebene Läsion. Wenn nur eine seitliche Röntgenaufnahme der Wirbelsäule vorliegt, ist die Differentialdiagnose zur Osteoporose oder auch zur diffusen osteolytischen Metastasierung äußerst schwierig. Weitere Röntgenaufnahmen (Schädel) oder Laboruntersuchungen (Bence-Jones-Proteine im Urin, Serumgesamteiweiß, Elektrophorese) sind zur Unterscheidung notwendig.

Knochenmetastasen der Wirbelsäule

Osteolytische Knochenmetastasen können bei einem Wirbelsäulenbefall ebenfalls zu einer Verformung oder Fraktur führen. Auch in diesen Fällen kann sich die differentialdiagnostische Unterscheidung schwierig gestalten. Häufig ist jedoch ein ossärer Defekt zu erkennen oder eine Konturunschärfe. Die Primärmanifestationen im Wirbelkörper sind bevorzugt die Bogenwurzeln. Es ist daher immer eine Beurteilung der Bogenwurzeln notwendig. Die Verformung kann infolge des expansiven Wachstums der Metastasen auch zu einer Vergrößerung des a.-p. Durchmessers führen, was bei gleichzeitigem Kollaps des Wirbelkörpers eine osteoporotische Wirbelkörperfraktur vortäuschen kann (Abb. **7.12 a** u. **b**).

a

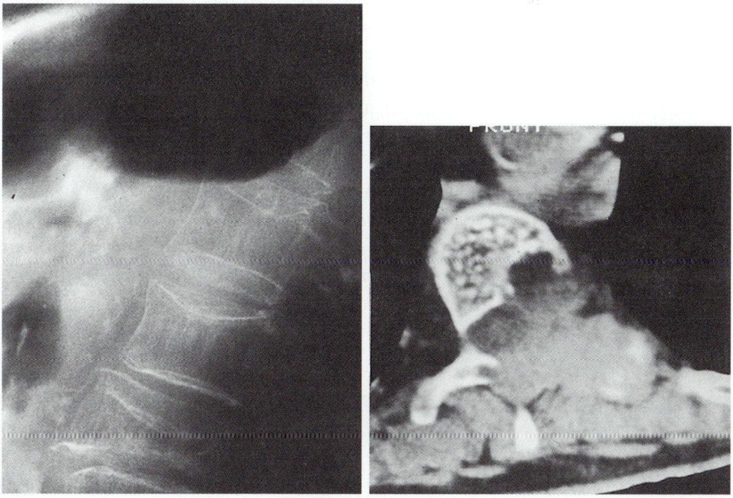

b

Abb. **7.12** Knochenmetastasen beim Mammakarzinom. **a** Seitliche LWS-Aufnahme mit osteolytischer Fraktur sowie osteoporotischen Nachbarwirbeln. **b** CT-Bild von **a**. Darstellung der osteolytischen Metastase mit Destruktion des Wirbelkörpers und des Wirbelbogens und Verlagerung des Lumbalmarks.

Wirbelkörperverformung bei Akromegalie

Durch appositionelles Wachstum wird bei der Akromegalie der Sagittaldurchmesser der Wirbelkörper vergrößert. Im seitlichen Strahlengang wird die vermehrte konkavbogige Verformung der Wirbelkörperhinterkante sichtbar. Gleichzeitig erfolgt eine Verbreiterung des Zwischenwirbelraumes durch übermäßiges Wachstum der Faserknorpelanteile der Bandscheibe.

Hämangiomwirbel

Mit zunehmendem Alter steigt auch die Häufigkeit der Hämangiomwirbel an. Der Häufigkeitsgipfel liegt bei 40–60 Jahren, wobei Frauen doppelt so häufig betroffen sind wie Männer. Eine häufige Manifestation finden wir in der Brustwirbelsäule. Dabei ist typischerweise der Wirbelkörper betroffen, weniger die Bogenwurzel. Komplikationen des Wirbelkörperhämangioms treten auf, wenn das Hämangiom infolge der Größenzunahme auf den Epiduralraum oder gegen die Nervenwurzeln drückt. Selten tritt eine Rückenmarkskompression auf bei Sinterungsfrakturen der Wirbelkörper mit konsekutiver Hämatombildung. Gekennzeichnet sind die Hämangiomwirbel durch eine grobe Vertikalzeichnung, die wie ein Bienenwabenmuster imponiert. Dieses Bild ist pathognomonisch für ein Hämangiom, die Differentialdiagnose ist in diesem Fall relativ einfach. Im Computertomogramm zeigt sich eine punktförmige Verdichtung der Trabekelstruktur (Abb. **7.13**).

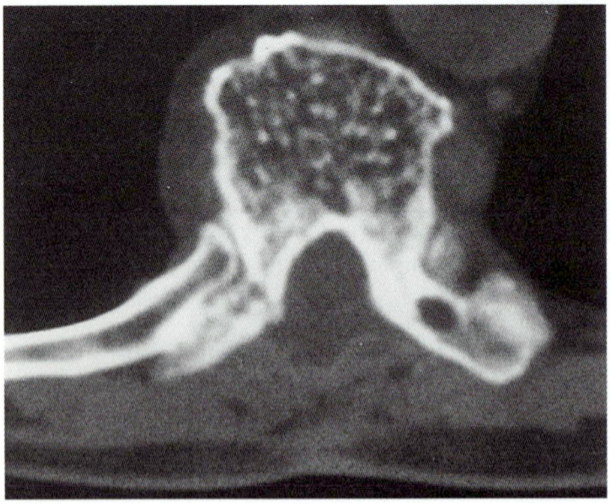

Abb. **7.13** CT-Bild eines Hämangiomwirbels. Die vertikalen Trabekel sind deutlich verdickt.

Osteochondrose und Spondylosis deformans

Die Spondylosis deformans und die Osteochondrose sind die häufigsten Veränderungen an der Wirbelsäule, die mit einer Verformung der Wirbelkörper einhergehen. Vorwiegend werden keilförmige Deformierungen gefunden. Die Identifikation ist meist relativ einfach, wenn Osteophyten nachweisbar sind. Schwierigkeiten können auftreten, wenn die Osteophytenbildung Folge einer Fraktur ist. In der Literatur finden sich jedoch Hinweise dafür, daß osteoporotische Frakturen bei Vorhandensein einer Spondylosis deformans selten vorkommen. Bei Spondylosis deformans ist das Bandscheibenfach meistens normal weit, bei der Osteochondrose ist es weitgehend verschmälert (Abb. **7.14**).

Grundsätzlich können Wirbelkörperverformungen bei vielen weiteren Erkrankungen auftreten. Eine ausführliche Übersicht dazu liefern Köhler und Zimmer [9].

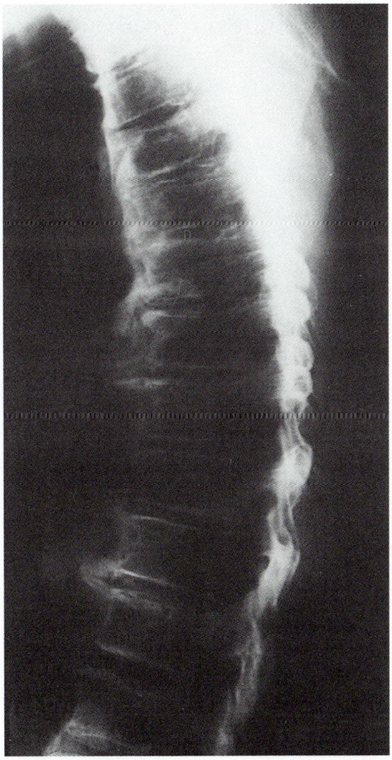

Abb. **7.14** Leichte Wirbelkörperverformung bei ausgeprägter Spondylosis deformans.

Frakturen des Extremitätenskeletts

Frakturen des peripheren Skeletts sind weder durch die Form des Frakturlinienverlaufes noch durch die Lokalisation der Fraktur selbst differenzierbar in traumatische oder osteoporosebezogene Frakturen. Prädilektionsstellen sind der distale Radius, der proximale Femur und die Rippen. Grundsätzlich aber kann jeder Knochen bei Vorliegen einer systemischen Osteoporose brechen, wenn ein Mißverhältnis von Festigkeit und physiologischer Belastung vorliegt.

Zusammenfassung

Die Wirbelkörperverformung kann vielerlei Ursachen haben. Zur Diagnose der osteoporotischen Wirbelkörperfraktur und differentialdiagnostischen Abgrenzung anderer Wirbelkörperverformungen ist die Begutachtung durch einen in diesem Gebiet erfahrenen Radiologen notwendig. Alleinige Vermessung der Geometrie führt zur Überbewertung der vertebralen Osteoporoseprävalenz.

Literatur

1 Baba H, Maezawa Y, Kamitani K, Furusawa N, Imura S, Tomita K: Osteoporotic vertebral collaps with late neurosurgical complications. Paraplegia 33 (5): 281–289 (1995)

2 Davies KM, Recker RR, Heaney RP: Normal vertebral dimensions and normal variation in serial measurements of vertebrae. J Bone Miner Res 4: 341–349 (1989)

3 Eastell R, Cedel SL, Wahner HW, Riggs BL, Melton LJ III: Classification of vertebral fractures. J Bone Miner Res 6: 207–215 (1991)

4 Felsenberg D: Röntgenuntersuchung der Wirbelsäule. In Meier-Duis H, Mödder U (Hrsg.): Qualitätssicherung in der Radiologie. Blackwell, Berlin (1992)

5 Felsenberg D, Gowin W, Diessel F, Armbrust S, Mews J: Recent developments in DXA – Quality of new DXA/MXA-Devices for densitometry and Morphometry. Europ J Radiol 20: 179–184 (1995)

6 Felsenberg D, Oles M, Burgis E: Protocol for the standardisation of x-rays for vertebral deformity measurements. Steglitz Press, Berlin (1990)

7 Gowin W, Diessel E, Mews J, Hoja T, Touby F, Felsenberg D: Vertebral morphometry: A comparison of accuracy and reproducibility of radiographs with new DXA devices. J Bone Miner Res 10, Suppl 1: 266 (1995)

8 Kalender WA: Abschätzung der effektiven Dosis bei Knochenmineralmessungen mit Photonenabsorptiometrie und Computertomographie. Fortschr Röntgenstr 155: 149–154 (1991)

9 Köhler A, Zimmer EA: Grenzen des Normalen und Anfänge des Pathologischen im Röntgenbild des Skeletts. Thieme, Stuttgart (1982)

10 McCloskey EV, Spector TD, Eyres KS, Fern ED, O'Rourke N, Vasikaran S, Kanis JA: The assessment of vertebral deformity: a method for use in population studies and clinical trials. Osteoporosis Int 3: 138–147 (1993)

11 Minne HW, Leidig G, Wüster C: A newly developed spine deformity index (SDI) to quantitative vertebral crush fractures in patients with osteoporosis. Bone and Mineral 3: 335–349 (1988)

12 Mori S, Norimatsu H, Oka S: Burst fracture: osteoporotic vertebral compression fracture associated with paraplegia. Nippon-Rinsho 52,9: 2435–2441 (1994)

13 Steiger P, Cummings SR, Genant HK, Weiss H: Morphometric x-ray absorptiometry of the spine: Correlation in vivo with morphometric radiography. Osteoporosis Int 4: 238 (1994)

14 Wieland EU: Bestimmung der Wirbelkörpergeometrie zur Diagnose der Osteoporose. Dissertation, Freie Universität Berlin (1993)

8. Wirbelfrakturen im höheren Lebensalter: Prävention und Therapie

J. D. Ringe

Postmenopausale und senile Osteoporose lassen sich nicht scharf voneinander abgrenzen. Riggs und Melton haben für die analoge Abgrenzung zwischen Typ-I- und Typ-II-Osteoporose das 70. Lebensjahr vorgeschlagen [1]. Die Grenzziehung ist willkürlich, eine sinnvolle Differenzierung kann nur aufgrund pathogenetischer und klinischer Besonderheiten erfolgen.

Bei der postemenopausalen Osteoporose steht pathogenetisch ein beschleunigter Bone-turnover mit erhöhten Verlustraten besonders der Spongiosa im Vordergrund [2]. Das klinische Bild wird von akuten Wirbelbrüchen oder auch chronischen Wirbelkörpersinterungen mit Schmerzen, Größenabnahme und Rundrückenausprägung dominiert.

Bei der senilen Osteoporose sind Kalzium- und Vitamin-D-Mangel, sekundärer Hyperparathyreoidismus und zunehmende körperliche Inaktivität wichtige pathogenetische Faktoren [3]. Neben Spongiosaverlust kommt es zu einem progredienten Abbau von kortikalem Knochengewebe. Das klinische Bild wird eher durch extravertebrale Frakturen, insbesondere die proximalen Femurfrakturen, geprägt [4]. In diesem Zusammenhang ist eine Studie aus Hawaii sehr interessant [5], in der nachgewiesen wurde, daß das Risiko von Wirbelfrakturen mit der Anzahl vorbestehender extravertrebraler Frakturen korreliert (3fach erhöhtes Risiko), unabhängig von der Knochenmasse und vorbestehenden Wirbelfrakturen.

Bei der Einteilung in Typ I und Typ II oder postmenopausal und senil wird oft unter dem Eindruck der großen sozioökonomischen Relevanz der Oberschenkelhalsfrakturen [6] zu wenig berücksichtigt, daß auch im Senium Wirbelfrakturen erheblich zu Morbidität und Invalidität beitragen können [7]. Auf eine manifeste postemenopausale Osteoporose kann sich eine senile Osteoporose aufpfropfen. Eine seit Jahren ruhende Wirbelsäulen-Osteoporose kann im Alter mit neuen Wirbelkörperfrakturen exazerbieren. Frauen und Männer können erstmals im Alter Wirbelkörperfrakturen erleiden, verbunden mit erheblichen Schmerzen und Verlust an Mobilität und Lebensqualität [8]. Erwähnt werden muß andererseits auch, daß wir immer wieder Einzelfälle hochbetagter Patienten beobachten, die trotz multipler Wirbelkörperverformung (Keilwirbel und Fischwirbel) mit typischen hyperkyphotischem Rundrücken aktuell über keine Rückenbeschwerden klagen und evtl. sich auch an keine

Schmerzphasen erinnern. Die Phase der Wirbeleinbrüche bzw. -sinterungen liegt in derartigen Fällen offenbar sehr lange zurück. Die Osteoporose ist zum Stillstand gekommen.

Klinisch-radiologische Erfassung von Wirbelfrakturen

Im Gegensatz zu den proximalen Femurfrakturen ist es bei Wirbeleinbrüchen schwierig, genauere Angaben zur Häufigkeit zu machen [9]. Dies liegt daran, daß Wirbelkörperfrakturen nicht wie Extremitätenbrüche nach dem Alles-oder-Nichts-Prinzip als einzeitige Frakturen auftreten, sondern sich schubweise mit zunehmender Höhenminderung etablieren können [3]. Für diese allmähliche Wirbelverformung wird im deutschen Sprachraum der Begriff *Sinterung* oder *Kriechverformung* angewendet. Entsprechend können die Patienten nur die tatsächlich als akuter Bruch entstandenen Wirbelfrakturen als heftige Schmerzereignisse bei der Anamneseerhebung angeben. Die allmählich oder mehrschrittig eingetretenen Brüche sind anamnestisch nicht sicher zu erfassen, d. h. Wirbelkörperfrakturen können in der Regel nur aus Röntgenbildern der Wirbelsäule zuverlässig diagnostiziert werden.

Aber auch im konventionellen Röntgenbild gibt es durchaus Probleme bei der Erfassung der Wirbelkörperfrakturen.

Die **Definition einer Wirbelfraktur** ist international nicht einheitlich. Oft wird der Begriff Wirbeldeformation statt Fraktur benutzt, da die Abgrenzung zwischen Anomalien in der im Röntgenbild imponierenden äußeren Wirbelkontur und einer als Fraktur anzusprechenden „Verformung“ schwierig ist. Ein typisches Beispiel sind Keilwirbel, die sich in der Jugend im Rahmen eines Morbus Scheuermann etablierten und im Alter wie osteoporotische Keilwirbel imponieren. Sicher können derartige Scheuermannwirbel nur ausgeschlossen oder bewiesen werden, wenn es gelingt, alte Röntgenbilder hinzuzuziehen. Weiterhin müssen eindeutig traumatische Wirbelbrüche ausgeschlossen werden, d. h. relevante Unfälle in der Vergangenheit, assoziiert mit akuten Rückenschmerzen, bei denen sich eine nicht-osteoporotische Fraktur ereignet haben könnte.

Auszuschließen sind auch Wirbelkörper-Deformierungen oder -Kompressionen durch Metastasen, hämatologische Neoplasien oder eine Spondylitis. Nativröntgenmorphologisch sind sie oft nicht von osteoporotischen Frakturen sicher zu differenzieren. Hierzu müssen im Einzelfall laterale Tomographie, Computertomographie, Skelettszintigraphie, MR-Untersuchung oder sogar gezielte Biopsien herangezogen werden. Unter der Voraussetzung, daß Nicht-Osteoporose-bedingte Wirbelkörperverformungen ausgeschlossen sind, stellt sich für die Definition einer Wirbelkörperfraktur schließlich die Frage, ab welchem Grad der Deformierung oder Abflachung von Fraktur gesprochen werden soll. Hierzu gibt es eine Reihe von verschiedenen methodischen Ansätzen [10, 11]. Meist werden anteriore, mittlere und posteriore Höhe der Wirbelkörper per Hand oder automatisch gemessen. Eine Höhenminderung gegenüber noch intakten Höhen des gleichen oder benachbarten Wirbelkörpers von 15 % und mehr wird als Fraktur gewertet. Einige Autoren werten aber auch erst Höhenminderungen von 20 %–25 % als eindeutige Verformung bzw. Fraktur. Ein weiteres Problem dabei stellt die Tatsache dar, daß die mittleren Wirbelkörperhöhen bzw. die Höhenrelationen zwischen den einzelnen Wirbelkörpern in verschiedenen Populationen signifikante Unterschiede zeigen, so daß für jede Population Referenzwerte erforderlich sind [12].

Diese Probleme bei der Erfassung von Wirbelkörperfrakturen [13] verdeutlicht die großen Schwierigkeiten bei der Erstellung epidemiologischer Daten (vgl. Kapitel 1), aber auch bei der Verwendung der Frakturinzidenz als Hauptendpunkt einer Therapiestudie. Im letzteren Fall kommt hinzu, daß erstmalige Frakturen zuvor intakter Wirbelkörper und Nachsinterungen bereits höhengeminderter Wirbel separat erfaßt und gewertet werden müssen.

Häufigkeit von Wirbelkörperfrakturen im höheren Lebensalter

Entsprechend der dargestellten uneinheitlichen Definition der osteoporotischen Wirbelfraktur und der Notwendigkeit, differentialdiagnostisch Wirbeldeformierungen anderer Ätiologie auszuschließen, sind eindeutige epidemiologische Daten nicht zu erwarten [14].

Frauen

In einer dänischen Studie an 70 Jahre alten Frauen wurden bei 21 % Wirbelfrakturen festgestellt [15]. Nur ca. 5 % hatten jedoch eindeutige Kompressionsfrakturen („crush fractures"). Tab. **8.1** gibt neben diesen Daten aus Dänemark Prävalenzangaben 11 weiterer Autoren an. Die Zahlen variieren zwischen 2,9 % bis 27 %. Dies liegt einerseits sicher an den unterschiedlich benutzten Frakturkriterien und untersuchten Altersklassen, aber auch daran, daß einige Autoren nur die Brustwirbelsäule ausgewertet haben und damit nicht die Gesamthäufigkeit von Wirbelkörperfrakturen erfassen konnten [16].

Wenn auch die Angaben zur absoluten Inzidenz aufgrund der unterschiedlich benutzten Kriterien erheblich variieren, so kommt doch in

Tab. **8.1** Differierende Angaben zur Prävalenz von Wirbelfrakturen im höheren Lebensalter nach der internationalen Literatur [16].

Autoren	Prävalenz (%)	Alter	Nation	Vorkommen
Melton et al., 1989	27	65+	USA	
Jensen et al., 1982	21	70	Denmark	thoracic & lumbar spine
Smith & Rizek, 1966	20,3	70–75	USA	dorsolumbar spine
Bengner, 1987	13,3	80+	Sweden	dorsal spine
Crilly et al., 1979	8	80	UK	
Meema, 1963	6,9	70–74	USA	
Progrund et al., 1977	6,7	80	Israel	spine
Ettinger et al., 1985	6,6	68	USA	
Valkenberg et al., 1980	6,2	75+	Netherlands	
Peacock et al., 1984	7	80	UK	spine
Harma et al., 1986	2,9	80	Finnland	thoracic spine
Cooper et al., 1991	13	75+	UK	

allen Untersuchungen klar zum Ausdruck, daß Wirbelfrakturen bei Frauen mit zunehmendem Alter exponentiell ansteigen. Die Inzidenz bei Wirbelfrakturen steigt vom 50sten bis 90sten Lebensjahr auf etwa das 10fache an. Die Abb. **8.1** zeigt in logarithmischer Darstellung diesen Anstieg in der Inzidenz von Wirbelkörperfrakturen in der oberen Kurve aus einer Bevölkerungsstichprobe aus Rochester [17]. Die untere Kurve präsentiert dagegen die Häufigkeit bei Krankenhauseinweisungen wegen symptomatischer Wirbelkörperfrakturen in der Region von Trent in Großbritannien. Die Steigung der Kurven mit dem Alter ist praktisch identisch, aber offenbar wird nur ein kleiner Teil der Patienten mit Wirbelfrakturen zur stationären Behandlung eingewiesen (vgl. Kapitel 1).

Nach einem aktuellen WHO-Statement liegt eine Wirbelsäulenosteoporose dann vor, wenn die Knochendichte an der Lendenwirbelsäule niedriger als −2,5 Standardabweichungen unter dem mittleren Normwert gesunder Erwachsener liegt, unabhängig davon, ob Frakturen vorliegen oder nicht [18]. In einer Studie an der weiblichen Bevölkerung von Rochester (Minnesota) haben nach dieser Definition 25 % der Frauen zwischen 70 und 79 Jahren sowie 32 % der Frauen im Alter von 80 Jahren und darüber eine Osteoporose des Achsenskeletts [19]. Diese Angabe sagt zwar direkt nichts über die Inzidenz von Frakturen in der ältesten amerikanischen weiblichen Bevölkerung aus, die Größenordnung der Fälle mit Frakturen dürfte aber diesen Zahlen sehr nahe kommen. Die aufgrund der Knochendichte von >−2,5 SD erfaßte Population hat sta-

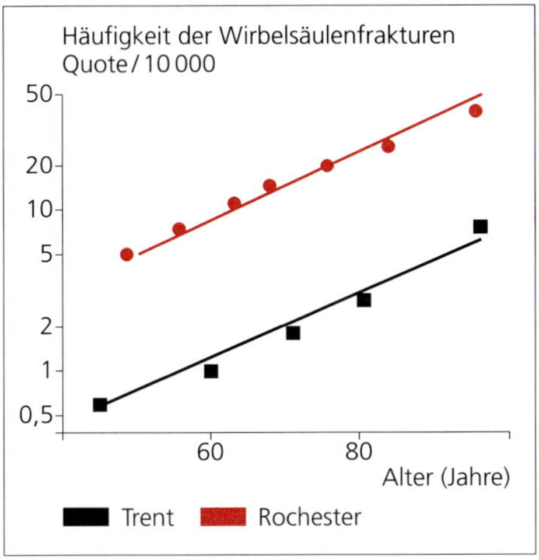

Abb. **8.1** Inzidenz von Wirbelkörperfrakturen in der Bevölkerung von Rochester (obere Kurve) und um einen Faktor 10 geringere Häufigkeit von stationären Patienteneinweisungen wegen Wirbelfrakturen in Trent (untere Kurve) [17].

tistisch ein sehr hohes Frakturrisiko. Ein Teil davon hat bereits Frakturen, andere werden in naher Zukunft Frakturen erleiden. Ein kleiner Teil von Frauen kommt hinzu, der trotz noch günstigerer Knochendichtewerte bereits Frakturen aufweist.

Unter Berücksichtigung aller Daten schätzen wir, daß bei Frauen im Alter von 70 Jahren und darüber in 20–30 % osteoporotische Wirbelfrakturen nachweisbar sind, wobei die Wahrscheinlichkeit derartiger Frakturen mit zunehmendem Alter exponentiell ansteigt.

Nach einer weiteren Studie von Cooper et al. [20] ist diese Schätzung eher vorsichtig, da für alle Frauen von 50 Jahren und darüber eine Häufigkeit von 25 % angegeben wird.

Männer

Weniger ist über die Inzidenz oder Prävalenz der Wirbelsäulenosteoporose bei Männern im höheren Lebensalter bekannt. Auswertungen von Röntgenaufnahmen der Brust- und Lendenwirbelsäule von 116 ambulant behandelten Männern im Alter von 65 Jahren und mehr ergab in 11 % mindestens eine signifikante Wirbelkörperhöhenminderung im Sinne einer Fraktur, 2 % zeigten 2 oder mehr Frakturen. Patienten mit Wirbelsäulentrauma oder Keilwirbeln im Sinne eines Morbus Scheuermann wurden ausgeschlossen [21]. Danach könnten 13 % aller Männer im Alter von 65 Jahren und mehr eine Wirbelsäulenosteoporose aufweisen. Für Männer von 70 Jahren und darüber dürfte die Prävalenz von osteoporotischen Wirbelfrakturen mindestens bei 15 % liegen. Diese

Wirbel-Fx-Prävalenz Frauen	30 %
Wirbel-Fx-Prävalenz Männer	15 %
weibliche Population (≥ 70 Jahre)	6,5 Mio.
männliche Population (≥ 70 Jahre)	3,3 Mio.
betroffene Frauen	1,95 Mio.
betroffene Männer	495 000

Tab. **8.2** Geschätzte Prävalenz von Wirbelfrakturen in Deutschland. Personen im Alter von 70 Jahren und mehr.

Schätzung deckt sich mit Berechnungen von Cooper [20], der davon ausgeht, daß in der hier diskutierten Altersklasse bei Männern die Prävalenz von Wirbelkörperfrakturen 50 % der Häufigkeit bei Frauen beträgt. Auch die Anstiegsrate der Inzidenz mit dem Lebensalter soll bei Männern halb so steil sein wie bei Frauen. Auf der Basis der angenommenen Häufigkeit von Wirbelfrakturen von 30 % bei Frauen und 15 % bei Männern im Alter von 70 Jahren und mehr ergeben sich für die entsprechende aktuelle Bevölkerung in Deutschland die Zahlen der Tab. **8.2**.

Sekundäre Osteoporosen im Alter

Alle bekannten Formen von sekundärer Osteoporose [3] können bei Frauen und Männern selbstverständlich auch im höheren Lebensalter auftreten und die Manifestation von Wirbelkörperfrakturen begünstigen oder direkt auslösen.

Da es sich oft um Patienten mit kombinierter Pathogenese aus vorbestehender Osteopenie (postmenopausal, senil) und mehreren Noxen im Sinne sekundärer Osteoporosen handelt, wird vereinfachend oft nur von seniler Osteoporose gesprochen. Nur bei eindeutig monoätiologisch ausgelösten Fällen taucht der Begriff sekundäre Osteoporose auch im höheren Lebensalter auf. Dies gilt z. B. für eine eindeutige Kortikoidosteoporose oder eine Osteoporose auf dem Boden einer diffusen Knochenmarksinfiltration (Plasmazytom, Leukose, Mastozytose).

Diagnostisch darf im Alter die Möglichkeit der sekundären Genese einer Osteoporose nicht außer Betracht gelassen werden, da sich therapeutisch kausale Behandlungsansätze ergeben können. Letzeres gilt insbesondere für die sogenannten myeloproliferativen Ursachen und Malabsorptionssyndrome mit Osteoporose bzw. Osteoporomalazien. Bei den sogenannten intestinalen Osteopathien steht die Behandlung mit Kalzium und Vitamin D im Vordergrund der therapeutischen Überlegungen, wobei die Dosierungen individuell angepaßt werden müssen. Hauptkontrollparameter sind dabei der ansteigende Verlauf von Kalzium im Urin und im Serum und in zweiter Linie alkalische Serumphosphatase, 25-Hydroxyvitamin D und Parathormon.

Prävention

In Umkehrung der Definition der Osteoporose versteht es sich von selbst, daß eine hohe Knochenmasse mit weitgehendem Erhalt der natürlichen Architektur von Kompakta und Spongiosa Garant eines niedrigen Frakturrisikos sein muß.

Hauptziele der Prävention sind demnach das Erreichen einer möglichst hohen maximalen Knochenmasse (peak bone mass) zwischen dem 20sten und 30sten Lebensjahr [22] und das Vermeiden von hohen Knochensubstanz-Verlustraten im Rahmen des bone remodeling der 2. Lebenshälfte [23]. Eine Auswahl von Möglichkeiten bzw. praktischen Hinweisen für diese beiden Hauptziele der Prävention sind in Tab. **8.3** aufgelistet.

Tab. **8.3** Prävention von Wirbelfrakturen im höheren Lebensalter.

1. Erreichen einer hohen peak bone mass (PBM)
- hohe Kalziumzufuhr in Kindheit und Jugendalter (ca. 1000 mg/d)
- regelmäßige körperliche Aktivität
- Vermeiden von Risikofaktoren für eine negative Kalzium- oder Skelettbilanz

2. Vermeiden hoher Verlustraten nach PBM
- Kalzium mit Nahrung und/oder Supplemente (1000–1500 mg/d)
- tägliches Gymnastikprogramm
- regelmäßige Sonnenexposition
- Vermeiden von Risikofaktoren für Knochenverlust
- postmenopausale Frauen: Östrogen-Gestagen-Substitution (HST = Hormon-Substitutions-Therapie)
- bei Kontraindikationen für HST:
  - Kalzium plus Vitamin D
  - Tibolon, Raloxifen, sonstige?
- Frauen und Männer mit Osteopenie:
  - Kalzium plus Vitamin D
  - Calcitonin-Nasalspray
  - Low-dose-Fluorid
  - Bisphosphonate, D-Metabolite

3. Erhalt der Knochenmasse im Alter
- Basis der Prävention: Kalzium + Vitamin D
- zusätzliche Prävention: Auswahl aus 2. entsprechend individueller Situation

„Senile Osteoporosis is a paediatric disease" formulierte Dent bereits 1972. Ein optimales Ausreifen des Skeletts in Kindheit und Jugendalter ist die erste Voraussetzung, um das spätere Osteoporoserisiko zu senken. Die peak bone mass ist sicher genetisch beeinflußt. Die mögliche Rolle unterschiedlicher Vitamin-D-Rezeptorgen-Allele ist bislang nicht unumstritten belegt. Optimale Ernährung mit hohem Kalziumanteil [25,26] und regelmäßige körperliche Aktivität bzw. viel Bewegung [27] sind jedoch sicher die Voraussetzungen, die im Rahmen der genetischen Möglichkeiten maximale peak bone mass zu erreichen. Hinzu kommt selbstverständlich, daß in Kindheit und Jugend Risikofaktoren im weitesten Sinne (Krankheiten, Medikamente und andere skelettale Noxen) vermeidbar sind. Bezüglich der Vielfalt und unterschiedlichen Wertigkeit der einzelnen Risikofaktoren bei Frauen und Männern sei auf Publikationen zur Pathogenese der Osteoporose verwiesen [2,3,28]. In besonderen Fällen mit gravierenden Risikofaktoren und evtl. densitometrischem Nachweis einer altersbezogenen, signifikant verminderten Knochenmasse kann vor Erreichen der peak bone mass eine aktive vorbeugende Behandlung indiziert sein. In der Regel soll in derartigen Fällen zunächst versucht werden, mit Kalzium- und Vitamin-D-Supplementen sowie Gymnastik auszukommen. In ausgeprägten Fällen (z. B. langzeitige Kortikoidtherapie im Kindesalter) kann jedoch eine spezifische Osteoklasten-hemmende oder Osteoblasten-stimulierende präventive Therapie angezeigt sein (vergleiche Tab. **8.3** u. **8.4**).

Zu beachten ist bei einer derartigen individuell abzuwägenden Therapie, daß bei pubertären Kindern während des präpubertären Wachstumsschubs oft ein erheblicher Anteil an Knochenmasse aufgeholt werden kann, sofern die jeweilige skelettale Noxe parallel dazu vermeidbar wird.

Tab. **8.4** Therapie der manifesten Wirbelsäulenosteoporose im höheren Lebensalter.

- Schmerztherapie (physikalisch, Analgetika, Calcitonin)
- Patientenaufklärung, -beratung, -ermutigung
- Versuch einer Positivierung der Skelettbilanz wie bei postmenopausaler Osteoporose (u. a. Fluorid, Calcitonin, D-Metabolite, Bisphosphonate)
- stets Kombinationstherapie mit Kalzium und Vitamin D
- individuelle Therapiestrategie unter Berücksichtigung von u. a. biologisches Alter, mentale Situation, Komorbidität, zu erwartende Compliance
- Therapiestrategie bei schlechter Vitalität oder Hochbetagten: Krankengymnastik, Kalzium, Vitamin D, regelmäßige Anabolikainjektionen

Nach der Ausreifung des Skeletts sind im Prinzip die gleichen Möglichkeiten (Kalzium, Vitamin D, Gymnastik, Vermeidung von Risikofaktoren) für den Erhalt von Knochenmasse zu beachten (Tab. **8.3**). Hinzu kommt als spezifische Prävention bei peri- und postmenopausalen Frauen eine langzeitige Hormonsubstitution. Bei Kontraindikation gegen Östrogene kann je nach gemessener Knochenmasse versucht werden, allein mit Kalzium und Vitamin D oder in Kombination mit synthetischen Steroidhormonen (u. a. Tibolon, Raloxifen) den Knochenabbau gering zu halten. Kalzium allein in Dosen von 1000 bis 1500 mg pro Tag ist bereits in der Lage, bei älteren postmenopausalen Frauen einem progredienten Knochenverlust entgegenzuwirken [29].

Bei Männern und Frauen mit nachgewiesener Osteopenie (Lendenwirbelsäulen-T-Score –1,0 bis –2,5 Standardabweichungen) sind im Einzelfall weitere osteotrope Medikamente indiziert (Tab. **8.3**). Selbstverständlich ist es nie zu spät für die Osteoporoseprävention. Bei älteren Patienten kann aus den in Tab. **8.3** unter 2 aufgelisteten Möglichkeiten unter Berücksichtigung von Lebensumständen und Gesundheitszustand ein individuelles Präventionskonzept zusammengestellt werden.

Therapie

- Bei der Behandlung der manifesten Wirbelsäulenosteoporose im höheren Lebensalter muß man sich der biologisch bedingten natürlichen Grenzen bewußt sein. Ganz im Vordergrund steht die Schmerztherapie und Beschwerdeminderung (Tab. **8.4**) durch eine individuell anzupassende Kombination aus physikalischer Therapie, krankengymnastischen Maßnahmen und Analgetika. Bei frischen Wirbelfrakturen oder Nachsinterungen bereits eingebrochener Wirbel mit heftigen Schmerzen geht es um eine konsequente und großzügige Analgesie, um die Patienten möglichst rasch wieder zu mobilisieren. Längere Bettruhe wird die Osteoporose weiter verschlimmern. Calcitonin hat oft einen signifikanten additiven Effekt bei der analgetischen Therapie [30].
- In der chronischen Schmerzphase ohne frische Frakturen ist neben der analgetischen Therapie eine Kräftigung insbesondere der Bauch- und Rückenmuskulatur durch krankengymnastische Anleitung und eigene regelmäßige Übungen sehr hilfreich. Die eigene Muskulatur – sofern es gelingt, sie wieder aufzutrainieren – kann die Wirbelsäule sicher besser halten als ein Korsett.
- Anstelle der Versorgung mit einem starren Korsett hat die Abteilung Physikalische Medizin und Rehabilitation der Mayo-Klinik in den letzten Jahren bei Patienten mit Hyperkyphose und Rückenschmerzen mit Erfolg ein neues Konzept erprobt [31]. Dabei wird

den Patienten mit dem Prinzip eines kleinen Rucksackes flach anliegend unterhalb der Scapulae ein Gewicht angebracht. Dieser sogenannte „posture training support“ ist unter der Kleidung nicht zu erkennen und kann nach individuellem Bedarf mit verschiedenen Gewichten von wenigen Pfunden bestückt werden. Der schmerzreduzierende Effekt dieses einfachen Prinzips soll beträchtlich sein (vgl. Kap. M. Sinaki; s. S. 113 – 131).

- Ein weiterer Behandlungsaspekt ist eine sorgfältige Aufklärung des Patienten über die Krankheit, kombiniert mit Ermutigung und Beratung über die eigenen Möglichkeiten, dem drohenden Progreß der Erkrankung entgegenzuwirken. Hierzu gehören Faktoren des individuellen Lebensstil wie Ernährung, Bewegung, Genußmittel, aber auch Beratung hinsichtlich Frakturrisikominderung, Vermeiden von Heben von Lasten bei ungünstiger Körperhaltung, Stürzen etc.

Medikamentöse Beeinflussung von Skelett- und Kalziumbilanz

Die Entscheidung zu einer generellen längerfristigen Behandlung muß individuell getroffen werden, wobei insbesondere biologisches Alter, Hirnleistungsfähigkeit, Lebenserwartung, Multimorbidität und soziofamiliäres Umfeld der Patienten Berücksichtigung finden müssen.

Die auf den Knochenumbau wirkenden Substanzen, die auch bei jüngeren Patienten mit Osteoporose gegeben werden, sind grundsätzlich auch bei der Typ-II-Osteoporose wirksam (Tab. **8.4**). Pauschale Empfehlungen sind hier nicht möglich. Die meisten positiven Erfahrungen liegen mit kombinierten Fluorid-Kalzium- oder Calcitonin-Kalzium-Schemata vor. Auch Östrogene haben im hohen Alter bei Frauen noch einen hemmenden Effekt auf den Knochenabbau. Die Compliance mit Akzeptanz regelmäßiger Abbruchblutungen ist jedoch gering. Wenn überhaupt, sollte eher ein Präparat mit kontinuierlicher Östrogen-Gestagen-Zufuhr verabreicht werden.

- Es existieren jedoch bislang keine systematischen Therapiestudien bei ausgewählten Patientengruppen im höheren Lebensalter. Im Rahmen von Therapiestudien bei postmenopausaler Osteoporose wurden jedoch vielfach ältere Frauen einbezogen, die biologisch und pathophysiologisch die Kriterien der senilen Osteoporose erfüllten [3]. Bei derartigen Fällen erwiesen sich die genannten Therapien nicht weniger wirksam als bei jüngeren Frauen. Mit Bisphosphonaten und D-Metaboliten gibt es noch weniger Daten. Auch von diesen können jedoch durchaus vergleichbare Effekte wie bei der postmenopausalen Osteoporose erwartet werden. D-

Metaboliten erscheinen im höheren Alter besonders erprobenswert, da Vitamin-D-Mangel und/oder ungenügende Vitamin-D-Metabolisierung bzw. D-Resistenz nicht selten sind [32].

Da im höheren Lebensalter ein leichter Anstieg der Parathormonwerte durch ungenügende Kalzium- und Vitamin-D-Versorgung sehr häufig angetroffen wird [33], ist es empfehlenswert, jede längerfristige Osteoporosetherapie mit Kalzium und nativem Vitamin D zu kombinieren. Kalziummengen von 500–1000 mg pro Tag und Vitamin-D3-Gaben von 400–800 Einheiten bzw. auch 500–1000 Einheiten pro Tag sind die Basistherapie bei der medikamentösen Behandlung der senilen Osteoporose.

Die wegen ihrer Nebenwirkungen bei der postmenopausalen Osteoporose jüngerer Frauen kaum indizierten Anabolika können im höheren Alter großzügig verordnet werden und haben oft gute Effekte auf Beschwerden und Verlauf. In einer Pilotstudie an 11 Frauen (mittleres Alter 72,8 Jahre) erwies sich die Gabe von Nandrolon-Decanoat über 1 Jahr (50 mg alle 4 Wochen i. m.) als äußerst wirksam mit signifikanter Zunahme der Knochendichte an Radius und Tibia. Dabei war die Zunahme an spongiösem Gewebe ausgeprägter als am kortikalen Knochen. Insgesamt wurde gefolgert, daß der Anabolikatherapie im Alter neben einem antikatabolen Effekt auf den Knochen auch ein signifikanter osteoanaboler Effekt zukommt [34].

Eigene Erfahrungen beziehen sich auf im Mittel noch ältere Frauen, bei denen wir mit dem gleichen Anabolikum (50 mg alle 3 Wochen i. m.) plus 400 mg Kalzium und 400 Einheiten Vitamin D3 pro Tag in fixer Kombination, unterstützt durch Krankengymnastik, sehr gute Therapieergebnisse erzielen. Neben einer deutlichen Beschwerdeminderung und subjektiven Besserung in der gesamten Befindlichkeit können leichte Anstiegsraten der Knochendichte an LWS und Femur objektiviert werden. Systematische Untersuchungen zur Frakturinzidenz mit diesem speziellen Therapieschema für die senile Osteoporose werden z. Z. erarbeitet.

Bei Männern ist dieses Therapieschema durch mögliche Effekte auf die Prostata limitiert und sollte ggf. nur nach urologischer Abklärung eingesetzt werden.

Literatur

1 Riggs BL, Melton JL III: Involutional osteoporosis. New Engl J Med 314: 1676–1686 (1986)
2 Ringe JD: Pathogenese der postmenopausalen Osteoporose. Therapeutische Umschau 51: 729–736 (1994)
3 Ringe JD: Osteoporose. Postmenopausale Osteoporose, Senile Osteoporose, Sekundäre Osteoporose, Osteoporose des Mannes. Georg Thieme Verlag Stuttgart · New York (1995)
4 Teucher ThA, Ringe JD: Extravertebrale Manifestation der Osteoporose. Inzidenz, Pathogenese und Prävention der Oberschenkelhalsfraktur im höheren Lebensalter. Münch med Wschr 137: 35–40 (1995)
5 Wasnich RD, Davis JW, Ross PD: Spine fracture risk is predicted by non-spine fractures. Osteoporosis Int 4: 1–5 (1994)
6 Kunczik T, Ringe JD: Osteoporose: Eine Herausforderung für die Zukunft. Dt. Ärzteblatt 91 A: 1126–1129 (1994)
7 Leidig G, Minne HW, Sauer P, Wüster C, Wüster J, Lojen M, Raue F, Ziegler RA: Study of complaints and their relation to vertebral destruction in patients with osteoporosis. Bone and Mineral 8: 217–229 (1990)
8 Minne HW, Wüster CH, Ziegler R: Pathogenese, Diagnose, Prophylaxe und Therapie der Osteoporosen des alten Menschen. Inn Med 13: 231–236 (1986)
9 Ringe JD: Epidemiologie der Osteoporose. In Osteoporose. Hrsg.: Schild HH, Heller M. Georg Thieme Verlag, Stuttgart (1992)
10 Minne, HW, Leidig G, Wüster C, Siromachkostov L, Baldauf G, Bickel R, Sauer P, Lojen M, Ziegler R: A newly developed spine deformity index (SDI) to quantitate vertebral crush fractures in patients with osteoporosis. Bone and Mineral 3: 335–349 (1988)
11 Ringe JD: Crush fracture and bone pain. In Trends and perspectives in the diagnosis and managements of osteoporosis. Ed: Peck WA. Parthenon Publishing, Casterton Hill, 41–50 (1989)
12 O'Neill TW, Varlow J, Felsenberg D, Johnell O, Weber K, Marchant F, Delmas PD, Cooper C, Kanis J, Silman AJ: Variation in vertebral height ratios in population studies. J Bone Min Res 9: 1895–1907 (1994)
13 National osteoporosis foundation working group on vertebral fractures. Report. Assessing vertebral fractures. J Bone Min Res 10: 518–523 (1995)
14 Cooper C, Melton LJ: Vertebral fractures. How large is the silent epidemic? Brit med J 304: 793–794 (1992)
15 Jensen GF, Christiansen C, Boeseen J, Hegedus V, Transbol I: Epidemiology of postmenopausal spinal and long bone fractures: a unifying approach to postmenopausal osteoporosis. Clin. Orthop. 166: 75–81 (1982)
16 Kanis JA, Closkey MC, EV: Epidemiology of vertebral osteoporosis. Bone 13: 1–10 (1992)
17 Melton LJ, Kan SH, Frye MA, Wahner HW, O'Fallon WM, Riggs BL: Epidemiology of vertebral fractures in women. Amer J Epid 129: 1000–1011 (1989)
18 Kanis JA, Melton LJ, Christiansen C, Johnston CC, Khaltaev N: Perspective. The diagnosis of osteoporosis. J Bone Min Res 1137–1141 (1994)

19 Melton LJ III: Perspektives. How many women have osteoporosis now? J Bone Min Res 175–177 (1992)
20 Cooper C, Atkinson EJ, O'Fallon WM, Melton LJ: Incidence of clinicallay diagnosed vertebral fractures: a population-based study in Rochester, Minnesota 1995–1989. J Bone Min Res 7: 221–227 (1992)
21 Drinka PJ, Bauwens SF, Desmet AA: Atraumatic vertebral deformities in elderly males. Calcif Tissue Int 41: 299–302 (1987)
22 Burckhardt P, Michel CH: The peak bone mass concept. Clin rheumatol 8, Suppl 2: 16–21 (1989)
23 Ringe JD: Altersosteoporose – Prophylaxe und Therapie. Z Gerontol 26: 34–38 (1993)
24 Morrison NA, QI JC, Tokita A, Kelly PJ, Crofts L, Nguygen TV, Sambrook PN, Eisman JA: Prediction of bone density from vitamin D receptor alleles. Nature 367: 284–287 (1994)
25 Heaney RP: Nutritional factors in osteoporosis. Ann Rev Nutr 13: 287–316 (1993)
26 Ringe JD: Osteoporose. In Ernährungsmedizin, (Hrsg.): Biesalski H-K et al., Thieme Stuttgart · New York 425–430 (1995)
27 Ringe JD, Ibbeken F, Steinhagen-Thiessen E, Meier-Baumgarten HP: Osteoporoseprävention durch Gymnastik im höheren Lebensalter. Z Geriatrie 1: 86–90 (1988)
28 Ringe JD, Dorst AJ: Osteoporose bei Männern. Pathogenese und klinische Einteilung bei 254 Fällen. Dtsch med Wschr 119: 943–947 (1994)
29 Ettinger B: Role of calcium in preserving the skeletal health of aging women. Southern Med J 85 Suppl 2: 22–30 (1992)
30 Ringe JD: Aktuelle Behandlungskonzepte bei primärer Osteoporose: Calcitonin. Schweiz Med Wschr 123: 2235–2240 (1993)
31 Kaplan RS, Sinaki M: Posture training support: preliminary report on a series of patients with diminished symptomatic complications of osteoporosis. Mayo Clin Proc 68: 1171–1176 (1993)
32 Tsai K-S, Heath H III, Kumar R, Riggs BL: Impaired vitamin D metabolism with aging in women. Possible role in pathogenesis of senile Osteoporosis. J Clin Invest 73: 1668–1672 (1984)
33 McKenna MJ: Differences in vitamin D status between countries in young adults and the elderly. Amer J Med 93: 69–77 (1992)
34 Dambacher MA, Rieben MU, Keusch A, Ruegsegger P: Treatment of osteoporosis with the anabolic nandrolone decanoate. Osteologie 3: 125–133 (1994)

9. Kalzium- und Vitamin-D-Supplemente zur Prävention von Hüftfrakturen beim älteren Menschen

P. J. Meunier, M. C. Chapuy

Einleitung

Heute beträgt das Risiko für eine 50jährige kaukasische Frau, im weiteren Verlauf ihres Lebens eine Hüftfraktur oder irgendeine andere osteoporotische Fraktur zu erleiden, etwa 17 bzw. 40% [1]. In Zukunft wird sich die Lage wegen der ständig steigenden Lebenserwartung, die einen 3fachen Anstieg der weltweiten Frakturinzidenz über die nächsten 60 Jahre, insbesondere bei Frauen, aber auch bei Männern verursachen wird, deutlich verschlechtern [1]. Folglich sind Präventivstrategien dringend erforderlich und in dieser Hinsicht ist es von Interesse, die potentiellen Präventivwirkungen von Vitamin D auf Hüftfrakturen auf der Basis der pathophysiologischen Mechanismen des femoralen Knochenschwundes zu untersuchen, bei dem Vitamin-D-Mangel bei älteren Menschen eine Rolle spielt.

Pathophysiologie von Hüftfrakturen

Es gibt viele Determinanten für Hüftfrakturen, die beiden Hauptursachen sind aber Stürze und eine Verringerung der Knochenmasse, die zu einer intrinsischen Knochenbrüchigkeit führt. Mit zunehmendem Alter nimmt die Sturzinzidenz zu, während die Knochenmasse abnimmt. Diese Verbindung führt ab einem Alter von 75 Jahren zu einer exponentiellen altersbezogenen Inzidenz von Hüftfrakturen. Die Mechanismen, Ursachen und die Prävention von Stürzen sollen in dieser Arbeit nicht diskutiert werden.

Bis zu der kürzlichen Entwicklung der DXA-Methoden zur Messung der femoralen Knochenmasse mit hoher Präzision und Genauigkeit wurde häufig behauptet, Patienten, die nach einem Sturz eine Hüftfraktur erlitten, würden nicht unter einer höheren Knochenbrüchigkeit leiden als gestürzte Patienten ohne Fraktur. Nun haben aber Querschnitts- und Prospektivstudien [2,3] gezeigt, daß Personen, die eine Hüftfraktur erleiden, eine geringere mittlere femorale Knochendichte aufweisen als Kontrollpersonen gleichen Alters und Geschlechts, und wenn diese 2–8

Jahre überwacht wurden, zeigte sich, daß sie ein erhöhtes Frakturrisiko hatten, wenn ihre femorale Knochendichte niedrige Ausgangswerte hatte [2,3].

Kürzlich haben wir bei 128 gesunden gehfähigen Frauen im Alter zwischen 70 und 95 Jahren einen jährlichen femoralen Knochenschwund von etwa 2% nachgewiesen [4]. In etwa 5 Jahren entspricht dies einem Schwund von 10%, d.h. 1 SD unter der mittleren femoralen Knochendichte dieser älteren Population (Z-Wert – 1), d.h. einer Zunahme des relativen Risikos einer Hüftfraktur um 2,6 [2] oder 2,3 [3]. Dies stimmt gut mit der exponentiellen Zunahme der Inzidenz von Hüftfrakturen nach dem 75. Lebensjahr überein und erklärt die Tatsache, daß jede Stabilisierung der femoralen Knochenmasse die Inzidenz einer Hüftfraktur bei sehr alten Personen wesentlich senken kann, auch wenn es zu keiner Zunahme der Knochenmasse kommt. Bei derselben Population von 128 älteren Frauen stellten wir eine signifikante negative Korrelation zwischen der femoralen Knochendichte und den Serumkonzentrationen an Parathormon (PTH) fest, die vor und nach Lebensalters-bezogener Korrektur bestand [4]. Dies läßt auf einen direkten Einfluß einer erhöhten PTH-Sekretion auf senilen Knochenschwund und das Risiko einer Hüftfraktur schließen. Zusätzlich wurden höhere PHT-Serumkonzentrationen bei Patienten mit kürzlich erlittener Hüftfraktur im Vergleich zu Kontrollpersonen gleichen Alters festgestellt [5,6]. Viele Studien haben eine altersbedingte Zunahme der PTH-Serumkonzentration bei älteren Personen festgestellt, die entweder zu Hause oder in einem Heim leben. Die beiden Hauptdeterminanten für diesen senilen sekundären Hyperparathyreoidismus sind Vitamin-D-Mangel und geringe Kalziumaufnahme.

Vitamin-D-Mangel ist bei Personen, die in Heimen leben, sehr verbreitet und wird in geringerem Maße auch bei älteren Menschen festgestellt, die zu Hause leben [7], insbesondere in Europa [8]. Eine altersbedingte Abnahme an 25OH-D im Serum wurde von vielen Autoren in vielen Ländern sehr gut dokumentiert. Dies beruht auf der geringeren Sonnenbestrahlung mit zunehmendem Alter, die weder durch eine erhöhte Vitamin-D-Zufuhr noch eine erhöhte Calcitriolproduktion kompensiert wird. Dies gilt vor allem für Länder, in denen Milchprodukte nicht mit Vitamin D angereichert werden, auch wenn es in anderen Ländern ebenfalls nicht ungewöhnlich ist, da viele ältere Menschen selten Milch zu sich nehmen.

Serum-25OH-D, der beste Meßparameter für den Vitamin-D-Status, ist eine Determinante der PTH-Serumspiegel. Bei 300 Pflegeheimbewohnern stellten wir kürzlich eine signifikante negative Korrelation zwischen Serum 25OH-D und log-Serum-PTH nach Lebensalters-bezogener Korrektur fest ($r = -0,33$; $p < 0,001$). Zusätzlich stellten wir bei 446 älteren Frauen, die in 5 französischen Städten zu Hause lebten und anhand von Wählerlisten ausgesucht worden waren, eine altersbedingte Beziehung zwischen Serum 25OH-D und PTH-Konzentrationen fest.

Zweite Determinante für den senilen sekundären Hyperparathyreoidismus ist ein Kalziummangel, der bei älteren Menschen sehr verbreitet ist, da der Verzehr von Milchprodukten mit zunehmendem Alter zurückgeht und gleichzeitig die Fähigkeit des Darms, sich an eine geringe Kalziumzufuhr anzupassen, nachläßt. Die meisten älteren Menschen nehmen weniger als 1500 mg Kalzium pro Tag zu sich, die Menge, die für Frauen in der Postmenopause empfohlen wird. Dieser Kalziummangel mit negativer Kalziumbilanz ist sehr häufig mit einem Vitamin-D-Mangel kombiniert, wodurch bei dieser Population die Bewertung der einzelnen Effekte einer Kalzium- oder einer Vitamin-D-Substitution erschwert wird. Da die Fähigkeit von Vitamin-D- und Kalziumsupplementen, den Knochenschwund zu verzögern und die Frakturrate bei älteren Menschen durch eine Umkehr des senilen sekundären Hyperparathyreoidismus zu verringern, nicht bekannt war, haben wir bei dieser Population kontrollierte Prospektivstudien unternommen.

Prävention von Hüftfrakturen durch eine Umkehr des senilen sekundären Hyperparathyreoidismus mit Vitamin D3 und Kalzium

In einer anfänglichen 6monatigen Studie mit Substitution von Kalzium (1 g/Tag) und Vitamin D2 (800 IE/Tag), verabreicht an 134 ältere Personen, die entweder zu Hause oder in einem Krankenhaus/Heim lebten, konnten wir die PTH-Serumkonzentrationen um über 30 % senken [9].

In einer 2. Studie zeigten wir, daß eine tägliche Substitution mit 1,2 g Kalzium und 800 IE Vitamin D3 für die Dauer von 18 Monaten das Risiko von Hüftfrakturen und anderen nicht vertebralen Frakturen bei 3270 älteren, gehfähigen Frauen, die in Pflegeheimen lebten, deutlich senken konnte [10].

Die Ergebnisse bei den Frauen, die während der gesamten 18monatigen Periode behandelt und kontrolliert wurden, zeigten, daß die Anzahl an Hüftfrakturen und allen nichtvertebralen Frakturen um 43 % bzw. 32 % in der Vitamin-D3-Kalzium-Gruppe im Vergleich zu der Plazebogruppe signifikant gesenkt wurde. Die Ergebnisse der Intention-to-treat-Analyse (2790 Frauen) waren ähnlich: 80 Hüftfrakturen in der Verumgruppe und 110 in der Plazebogruppe (Senkung um 27 %; $p < 0{,}001$). Gleichzeitig nahm der PTH-Serumspiegel um 46 % ab ($p < 0{,}001$) und die 25OH-D-Serumkonzentration, deren Ausgangswert niedrig war (16 ng/ml ± 11 in der Vitamin-D3-Kalziumgruppe und 13 ng/ml ± 9 in der Plazebogruppe) nahm um 160 % zu ($p < 0{,}01$). Um zu untersuchen, ob diese in 18 Monaten erreichte günstige Wirkung weiter anhielt, wurde diese doppelblinde, plazebokontrollierte Studie in einfachblinder Form auf 3 Jahre verlängert [4, 11]. Tab. **9.1** zeigt die Effekte der Substitution auf die auf Intention-to-treat-Basis analysierte Frakturzahl: 17,2 % weniger Personen hatten eine oder mehrere nichtvertebrale Frakturen und 23 % weniger Personen eine Hüftfraktur.

Zusätzlich bestand eine verringerte Wahrscheinlichkeit von Hüftfrakturen ($p < 0{,}02$) und allen nicht vertebralen Frakturen ($p < 0{,}01$) – bewertet mittels einer Zeit-Ereignis-Analyse. Das Verhältnis betrug für Hüftfrakturen 0,73 (0,62–0,84 KI) und für alle nicht vertebralen Frakturen 0,72 (0,60–0,84 KI). Frauen mit erhöhter mittlerer PTH-Serumkonzentration und niedriger 25OH-D-Konzentration zu Beginn hatten nach 3jähriger Behandlung normale Werte (Tab. **9.2**).

Tab. **9.1** Effekte von Vitamin-D3- und Kalziumsubstitution auf die Frakturzahl bei älteren Frauen (Intention-to-treat-Analyse).

	Vit. D3-Ca	Plazebo	p-Wert *
Anzahl Frauen	1176	1127	
Hüftfrakturen			
– Gesamtzahl	138	184	
– Anzahl Personen mit ≥ 1	137	178	< 0,02
alle nicht vertebralen Frakturen			
– Gesamtzahl	301	368	
– Anzahl Personen mit ≥ 1	255	308	< 0,02

* mittels log-rank-Test

Tab. **9.2** Biochemische Effekte einer Substitution mit Vitamin D3 – Kalzium, bewertet bei einer Untergruppe 52 älterer Frauen.

	Baseline	Kontrollmonate 12	24	36
Ser. 25OH-D (nmol/l) *				
– Vit. D3-Ca	33 ± 24	105 ± 24⁺⁺	89 ± 24⁺⁺	100 ± 21⁺⁺
– Plazebo	24 ± 22	26 ± 27	21 ± 18	28 ± 18
PTH (pmol/l)				
– Vit. D3-Ca	6,1 ± 4,0	3,9 ± 2,1⁺⁺	3,9 ± 2,1⁺⁺	4,4 ± 2,7⁺⁺
– Plazebo	5,6 ± 1,8	7,2 ± 4,1⁺	7,1 ± 3,8⁺	8,1 ± 5,1⁺

* um die Werte in ng/ml umzuwandeln durch 2,5 teilen
++ $p < 0{,}001$ im Vergleich zum Baseline-Wert
+ $p < 0{,}01$ im Vergleich zum Baseline-Wert

Im Gegensatz dazu nahm in der Plazebogruppe das Serum-PTH ab Baseline signifikant und progressiv zu (+44,7% nach 3 Jahren, $p < 0{,}001$) und der 25OH-D-Serumspiegel blieb niedrig.

Die signifikante negative Korrelation, die bezüglich der Baseline-Werte bei älteren Frauen zwischen der femoralen Knochendichte und PTH-Serumkonzentrationen festgestellt wurde, wurde auch von Khaw et al. [12] bei 138 jüngeren englischen Frauen (im Alter zwischen 45 und 65 Jahren) beobachtet. Sie stellten ebenfalls eine positive Korrelation zwischen femoraler und lumbaler Knochendichte und 25OH-D-Serumkonzentration fest. Diese Befunde stützen die Hypothese, daß 25OH-D- und PTH-Serumspiegel auch die Knochendichte von Frauen mittleren Alters beeinflussen könnten, die einen gewissen Grad an Vitamin-D-Mangel aufweisen.

Schlußbetrachtung

Eine erhöhte PTH-Sekretion bei älteren Frauen scheint das Risiko für Hüftfrakturen zu erhöhen. Vitamin-D-Mangel und geringe Kalziumaufnahme sind die Hauptdeterminanten für diesen senilen sekundären Hyperparathyreoidismus, ihr jeweiliger Beitrag zum Frakturrisiko ist aber schwer zu bewerten. Wir haben gezeigt, daß Vitamin D3 und Kalzium die Effekte des Hyperparathyreoidismus auf den Knochen umkehren bzw. ihnen vorbeugen kann. Älteren Personen mit geringer femoraler Knochenmasse und hohen PTH-Serumkonzentrationen oder geringen 25OH-D-Serumkonzentrationen sollte Vitamin D3 und Kalzium vermehrt zugeführt werden. Der beste Weg wäre der natürliche – Sonnenbestrahlung und erhöhter Verzehr von Milchprodukten – ältere Menschen sind aber bekanntermaßen nur ungern bereit, ihren Lebensstil zu ändern. Daher ist die tägliche Substitution mit Cholecalciferol und Kalziumsalzen die zuverlässigste und sicherste Art, das Risiko von Hüftfrakturen zu senken, da die Nebenwirkungen „physiologischer" Dosen von Vitamin D3 und Kalzium vernachlässigbar sind. Es wurde auch vorgeschlagen, einmal pro Jahr eine Injektion von 150000 oder 300000 IE Vitamin D2 zu verabreichen, sie verringerte die Anzahl Hüftfrakturen jedoch nicht signifikant [13].

Literatur

1 Melton LJ, Chrischilles EA, Cooper C, Lane AW, Riggs BL: J Bone Miner Res 7: 1005–1010 (1992)
2 Cummings SR, Black DM, Nevitt MC: Lancet 341: 72–75 (1993)
3 Melton LJ, Atkinson E, O'Fallon WM, Wahner HW, Riggs BL: J Bone Miner Res 8: 1227–1233 (1993)
4 Meunier PJ, Chapuy MC, Arlot ME, Delmas PD, Duboeuf F: Osteoporosis Int suppl 1 (1994)
5 Johnston CC, Norton OJ, Khairi MRA, Arlot ME, Meunier PJ: J Clin Endocrinol Metab 61: 551–556 (1985)
6 Compston JE, Silver AC, Croucher PI, Brown RC, Woodhead JS: Clin Endocrinol 31: 667–672 (1989)
7 Parfitt AM, Gallagher JC, Heaney RP, Johnston CC, Neer R, Whedon GD: Amer J Clin Nutr 36: 1014–1031 (1982)
8 McKenna MJ: Am J Med 93: 69–77 (1992)
9 Chapuy MC, Chapuy P, Meunier PJ: Amer J Clin Nutr 46: 324–328 (1987)
10 Chapuy MC, Arlot ME, Duboeuf F, Brun J, Crouzet B, Arnaud S, Delmas PD, Meunier PJ: N Engl J Med 327: 1637–1642 (1992)
11 Chapuy MC, Arlot ME, Delmas PD, Meunier PJ: B M J 308: 1081–1082 (1994)
12 Khaw TK, Sneyd MJ, Compston J: BM J 305: 273–277 (1992)
13 Heikinheimo RJ, Inkovaara JA, Harju EJ, Haavisto MV, Kaarel RH, Kataja JM, Kokko AML, Kolho LA, Rajala SA: Calcif Tissue Int 51: 105–110 (1992)

10. Prävention von Hüftfrakturen: körperliche Aktivität

M. Sinaki

Osteoporose ist in den Vereinigten Staaten die verbreitetste Knochenstoffwechselerkrankung. Sie umfaßt eine heterogene Gruppe von Syndromen, bei denen eine reduzierte Knochenmasse pro Volumeneinheit bei sonst normalem Knochen beobachtet wird, die zu einer erhöhten Knochenbrüchigkeit führt. Die erhöhte Knochenporosität führt zu einer architektonischen Knocheninstabilität und erhöht die Frakturwahrscheinlichkeit. Klinisch relevant wird die Osteoporose nur, wenn es zu Knochenfrakturen kommt.

Jährlich erleiden über 300 000 Frauen in den Vereinigten Staaten eine Hüftfrakutur als Folge von Osteoporose. Annähernd 12–20 % dieser Frauen sterben an Komplikationen, die direkt der Hüftfraktur zuzuschreiben sind [21]. Nur ein Drittel der Überlebenden dieser Hüftfraktur-Patienten wird wieder zu normaler Aktivität zurückkehren können [16].

Die große Bedeutung von Übungs- und Rehabilitationsprogrammen, die die Inzidenz von Stürzen reduzieren, ist offensichtlich. Rehabilitationsprogramme spielen zusammen mit pharmakologischen Behandlungen auch eine wichtige Rolle bei der Vorgehensweise der Frakturnachbehandlung. Ziel der Behandlung ist es, die Dauer der Immobilität nach einer Fraktur sowie die begleitende Schwäche und den Knochenschwund zu verkürzen.

Physikalische Therapieprogramme sollten daher bestehen aus:

- Maßnahmen zur Prävention von Stürzen,
- Behandlung von Komplikationen nach Stürzen,
- Behandlung chronischer Schmerzen, um die Immobilität zu verkürzen, das Niveau der körperlichen Aktivität anzuheben und das Sturzrisiko zu verringern.

Frakturen im Zusammenhang mit Osteoporose sind insbesondere bei älteren weißen Frauen nicht ungewöhnlich. Altersabhängiger Knochenschwund ist bei Frauen ausgeprägter. Im Alter von 90 Jahren haben sie etwa 47 % ihrer als junge Erwachsene erreichten maximalen Knochenmasse im Achsenskelett und etwa 30 % im Arm- und Beinskelett eingebüßt [28]. Die Verlustrate, bezogen auf das gesamte Skelett, liegt bei Männern bei etwa 0,3 % pro Jahr. Bei Frauen ist die Knochenschwundrate anfangs dieselbe, beginnend mit der perimenopausalen Periode, und

5–8 Jahre nach der Menopause anhaltend, steigt sie aber auf 2–3 % pro Jahr [28].

Nachdem die Skelettreife erreicht ist, beginnt der Knochenschwund, der bis zum Alter von 85–90 Jahren anhält. Da der Knochenschwund am Achsenskelett ausgeprägter ist als der an den Extremitäten, erfordert der deformierende Effekt von Kompressionsfrakturen der Wirbelsäule besondere Betreuung [28, 39]. Andere Frakturen des Achsenskeletts wie Frakturen des Kreuzbeins und Schambeins sind bei Patienten mit Osteoporose ebenfalls verbreitet. Frakturen des Schambeins können durch minimale Belastung eintreten und die wenigsten Patienten erinnern sich an eine größere Belastung [38].

Altern und Osteoporose verursachen Veränderungen der Skelettmuskulatur. Das Altern ist auch mit einem Nachlassen der kardiovaskulären Fitness verbunden [27]. Der Grad der körperlichen Aktivität und Muskelkraft nimmt mit dem Alter ab [42]. Diese Abnahme wird bei Frauen mit zunehmendem Alter signifikanter als bei Männern, da sie von einer geringeren Muskelkraft ausgehen [43]. Die Unfähigkeit vieler osteoporotisch/kyphotischer Patienten, beim Gehen eine aufrechte Haltung beizubehalten, spielt eine entscheidende Rolle bei ihrem gestörten Gleichgewicht und Gang. Auch gesunde ältere Menschen weisen während der normalen Haltung beim Gehen erhöhtes Schwanken auf [46]. Einige Patienten weisen eine Störung ihrer dynamischen und statischen Haltung auf, entweder wegen reduzierter Muskelkraft, einer Rumpfataxie oder eingeschränkter Beweglichkeit der Wirbelsäule [8]. Derartige Effekte des Alterungsprozesses können durch geeignete Übungen und Fitneßprogramme reduziert werden.

Körperliche Aktivität trägt zum Erhalt der Knochenmasse bei. Hierzu sind mechanische Kräfte erforderlich [34, 48]. Die Abnahme der Knochenmasse läuft ungefähr parallel mit einer Abnahme der Muskelkraft [43].

Mehrere Studien haben die signifikante Korrelation zwischen Knochenmineraldichte der Wirbelsäule und der Kraft der Rückenextensoren nachgewiesen [41] (Abb. **10.1–3**). In einer Studie wurde die Rückenmuskelkraft normaler Frauen mit der osteoporotischer Frauen vergleichbarer Altersgruppen verglichen [39]. Die Ergebnisse zeigten einen signifikanten Unterschied zwischen der Rückenmuskelkraft osteoporotischer Frauen im Alter zwischen 40 und 79 Jahren und der normaler Frauen derselben Altersgruppen.

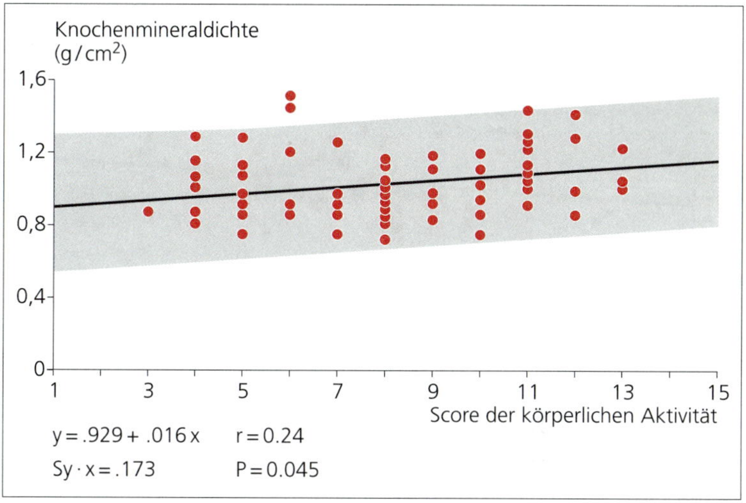

Abb. **10.1**

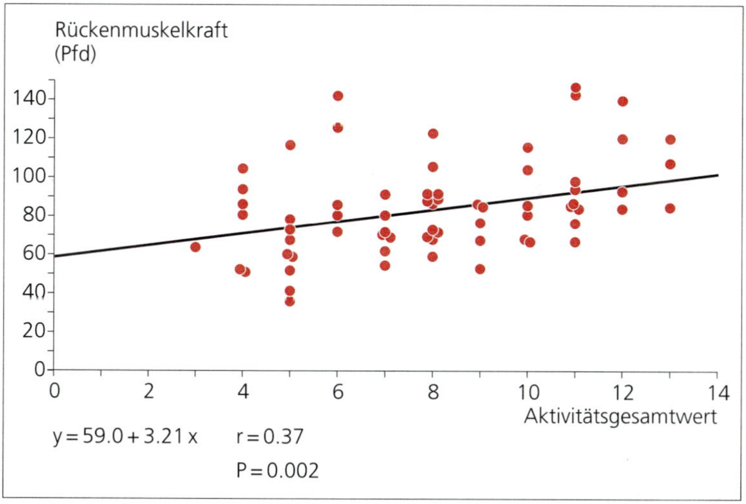

Abb. **10.2**

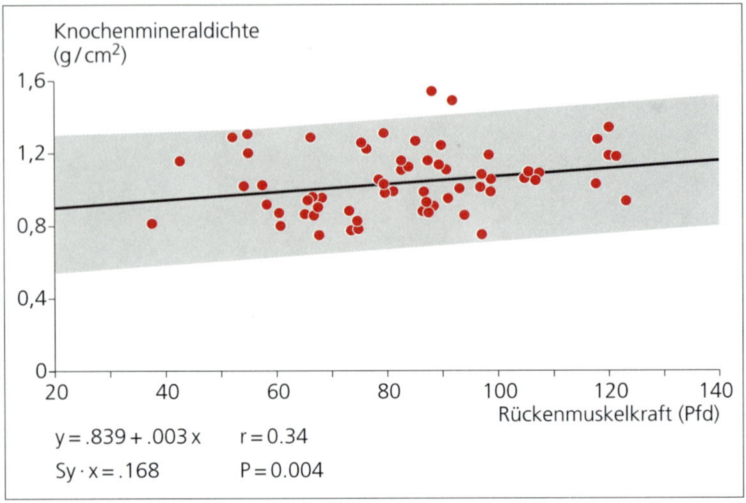

Abb. **10.3**

Abb. **10.1–3** **1** Beziehung zwischen Knochenmineraldichte des 2.–4. Lendenwirbels und den Werten für körperliche Aktivität [42]. **2** Beziehung zwischen den Werten für körperliche Aktivität und der Rückenmuskelkraft [42]. **3** Beziehung zwischen Knochenmineraldichte des 2.–4. Lendenwirbels und der Rückenextensorkraft. Es werden die lineare Regression und 95 % Konfidenzintervalle für individuell vorhergesagte Werte gezeigt [41].

Maßnahmen zur Vorbeugung von Stürzen

Die Prävention von Stürzen bei Osteoporosepatienten ist ebenso wichtig wie Versuche, die Knochenmineraldichte des Skeletts zu verbessern. Faktoren, die zum Sturzrisiko bei älteren Menschen beitragen, werden in Tab. **10.1** zusammengefaßt.

Die Prävalenz von Stürzen, insbesondere bei älteren Menschen, wird durch Störungen der Gleichgewichtskontrolle beeinflußt. Bei normaler Haltung verläuft die Linie der Schwerkraft von C1 über C7 nach T9/10 über die Lumbosakralverbindung vertikal zu der Achse, die die beiden Hüftgelenke verbindet und hinter den Hüftgelenken und vor den Knie- und Knöchelgelenken verläuft [45]. Bei einer veränderten Ausrichtung dieser Schwerkraftslinie kann eine Muskelüberbeanspruchung eintreten. Da das Schwerkraftzentrum bei Personen mit Kyphose näher an den Stabilitätsgrenzen liegen kann, können diese leichter einen Gleichgewichtsverlust aufweisen als Personen mit normaler Haltung.

Tab. **10.1** Sturzrisiko – dazu beitragende Faktoren.

- Beeinträchtigung der Sehleistung
- Alteration des Vestibularapparates
- beeinträchtigendes propriozeptives Feedback
- kognitive Veränderungen
- Koordinationsschwäche
- Haltungsänderungen, Gleichgewichtsstörungen, ungleichmäßiger Gang
- verringerte Muskelkraft
- verringerte Flexibilität
- Atmung, Orthopnoe
- orthostatische Kreislaufdysregulation
- kardiovaskuläre Insuffizienz
- iatrogen verringerte Wachsamkeit
- ungeeignetes Schuhwerk
- ungenügende Gehhilfen
- Umgebung (z. B. schlechte Beleuchtung, unebenes Gelände, lose Teppiche, rutschiger Boden etc.)

Um noch weitere Variable zu kontrollieren, wurden vergleichbare Altersgruppen osteopenischer Frauen mit und ohne Kyphose untersucht [40]. Es wurden 14 Frauen in die Studie aufgenommen (mittleres Alter ± Standardabweichung 67,7 ± 2,4 Jahre); 4 litten an Kyphose. Es wurden 4 Untersuchungen mit 6 Empfindungsorganisationstests und 2 Untersuchungen mit 4 motorischen Leistungstests durchgeführt. Die Ergebnisse zeigten einen signifikanten Lerneffekt ($p < 0,01$) bei allen Tests an; die Werte besserten sich um 2,7 % bzw. 6,3 % bei den einfacheren bzw. schwierigeren Aufgaben. Auch wenn die Unterschiede nicht immer statistisch signifikant waren ($p = 0,02 – 0,30$), hatten die Patienten mit Kyphose ein schlechteres Gleichgewicht, was sich in erhöhtem Schwanken, längeren motorischen Latenzzeiten und in den Scores zeigte, die die Strategie zur Aufrechterhaltung der Balance, insbesondere im Bereich der Hüfte, betrafen.

Ältere Personen sind von ihrem Gesichtsfeld abhängig, um das Gleichgewicht halten zu können. Diese Abhängigkeit von optischen Informationen bei „Stürzern" könnte das Ergebnis verringerter propriozeptiver und vestibulärer Funktionen als Ergebnis höheren Alters und chronischer Gesundheitsprobleme sein [22]. Ein erhöhtes Sturzrisiko als Ursache für Hüftfrakturen bei Frauen wurde auch mit einer Dysfunktion der unteren Extremitäten, verschlechterter Sehleistung, früherem Schlaganfall, degenerativer Erkrankung des Zentralnervensystems und dem Einsatz lang wirkender Barbiturate oder das Zentralnervensystem sedierender Medikamente in Verbindung gebracht [9].

Umfeltfaktoren tragen signifikant zu einer erhöhten Frakturrate bei. In den Vereinigten Staaten wurden in einer Studie über den Effekt jahreszeitlicher Schwankungen auf die Inzidenz von Hüftfrakturen unter weißen Männern und Frauen im Alter ab 65 Jahren zwischen 1964 und 1987 hohe Hüftfrakturraten in den Wintermonaten und niedrige Raten im Sommer nachgewiesen [13]. Studien aus anderen Ländern, wie beispielsweise aus Island, stützen die Ergebnisse dieser Studie [29]. Es wurde ebenfalls nachgewiesen, daß Muskelkraft und Knochenmasse je nach Jahreszeit schwanken – die Knochenmineraldichte und Muskelkraft war in den Wintermonaten geringer [3].

Maßnahmen zur Prävention von Stürzen sollten eine Verringerung von Umwelt-Risikofaktoren, altersbedingten Veränderungen und iatrogenen Faktoren kombinieren. Derartige Präventivmaßnahmen könnten sich an industriellen und betrieblichen Programmen zur Unfallprävention orientieren. Wir können das Sturzrisiko nicht verringern, indem körperliche Aktivitäten vermieden werden, bei denen Wirbelsäule und Hüfte belastet werden, da dies nicht praktikabel wäre. Daher sollten alle Anstrengungen unternommen werden, um derartige Aktivitäten sowohl für osteoporotische als auch ältere nicht osteoporotische Personen sicherer zu machen.

Die Rolle körperlicher Aktivität auf die Körperkraft und Knochenmineraldichte bei gesunden, osteoporotischen und aktiven Personen erfordert weitere Untersuchungen. In Langzeituntersuchungen von Frauen im Alter ab 49 Jahren mit Östrogenmangel wurden signifikante Korrelationen zwischen der Rückenmuskelstärke und einer Reduzierung der Kyphose nachgewiesen [12, 42].

In schweren Osteoporosefällen mit Kompressionsfrakturen besteht bei deutlicher Rückenkyphose und Verlust an Körpergröße iliokostaler Kontakt. Dies kann zu Flankenschmerz und dem iliokostalen Schmerzsyndrom führen [11]. Bei Patienten mit Flankenschmerz sind Maßnahmen hilfreich, die den Raum zwischen den unteren Rippen und dem Darmbeinkamm weiten. Flankenschmerz könnte bei Patienten mit Osteoporose übersehen werden [32]. Bei den meisten Patienten werden Bemühungen, die Kyphose zu überwinden, helfen, die Schmerzen zu lindern und die Dynamik des Gehens zu bessern. Nach unserer Erfahrung war die Anwendung der mit Gewichten versehenen Kypho-Orthese (Haltungstrainings-Unterstützung – *Wirbelsäulenorthotika*) in solchen Fällen günstig und das Feedback der teilnehmenden Patienten war ermutigend [8, 14].

Der Knochenschwund aufgrund Östrogenentzugs ist unabhängig von Muskelschwund. Es sollten alle Anstrengungen unternommen werden, um die Muskelkraft zu verbessern. Es wurde nachgewiesen, daß körperliche Übungen, selbst in geringer Häufigkeit (30–60 Minuten pro Tag, 2–3 Tage pro Woche) die Knochenmasse erhöhen oder den altersabhängigen Knochenschwund verringern [31]. Daher wird empfohlen, ein leichtes bis mäßiges Gewichthebeprogramm zu verschreiben [37]. Um einen allgemeinen Nutzen auf die Knochenmasse des Skeletts aus den Übungen zu erreichen, ist eine gleichmäßige Verteilung der Spannung auf alle Körperteile nicht unbedingt erforderlich. Möglicherweise wirken körperlichen Übungen durch die mechanische Spannung, die auf den Knochen ausgeübt wird [48]. Der genaue Mechanismus ist aber komplizierter, da die Übungen auch die Serum-Katecholamine und andere Hormonkonzentrationen beeinflussen und systemischere Effekte haben können.

Übungen wie Gehen, Joggen und Treppensteigen, bei denen Wirbelsäule und Hüfte belastet werden, führten zu einer signifikanten Zunahme des Knochenmineralgehalts bei prämenopausalen Frauen [19]. Nachdem mit diesen Übungen aufgehört wurde, ging die Knochenmasse jedoch wieder auf die Ausgangswerte zurück [6].

Wünschenswert sind Übungen, die Wirbelsäule und Hüfte belasten, die die Muskelkraft und -flexibilität erhöhen, ohne die schwache Bälkchenstruktur des Achsenskeletts zu starken Kräften auszusetzen. Die Übungsprogramme können auf die Erfordernisse des Patienten angepaßt werden. Beim Entwurf eines Übungsprogramms sollten die Gesundheit der Skelettmuskulatur, das Wahrnehmungsvermögen, die Koordination, Flexibilität, kardiovaskuläre Fitneß und Interessen des Patienten berücksichtigt werden [33]. Geeignete Übungs- und Rehabilitationsmaßnahmen ermöglichen, Knochenmasse zu bilden, die Knochenschwundrate zu senken und das Sturzrisiko zu verringern [26]. Unter den Übungen mit Belastung von Wirbelsäule und Hüfte verbesserte eine Kombination aus Gewichtheben und Aerobic die Knochenmasse am wirksamsten [4]. In einer neueren Studie, bei der die Knochenmineraldichte von Gymnastikausübenden und Läufern mit einer Kontrollgruppe verglichen wurde, war die Knochenmineraldichte bei Gymnastikausübenden höher als bei Läufern und der Kontrollgruppe [30].

Die isometrische Kraft bei 60–70jährigen und älteren Patienten war um 30–50 % niedriger als bei einer 30jährigen Population. Es wurde auch nachgewiesen, daß die altersbedingte Kraftabnahme im Rücken und den unteren Extremitäten größer war als in den oberen Extremitäten, und daß die proximale Muskulatur schwächer war als die distale [7]. Untersuchungen an Leichen haben einen etwa 30 %igen Schwund der gesamten Muskelmasse zwischen dem 3. und 8. Lebensjahrzehnt nachgewiesen [18].

Die Muskelkraft trägt zu der Gehfähigkeit und dem Erhalt der Skelettgesundheit bei. Daher kann verringerte Muskelkraft aufgrund mangelnder körperlicher Betätigung und sitzender Lebensweise zu der Entwicklung von Haltungsänderungen und einer Dekonditionierung der unteren Extremitäten und zu der Sturzinzidenz beitragen. Der größte Einfluß des Körpertrainings auf das Skelett erfolgt durch die geeignete Umsetzung der Häufigkeit, Dauer und Art der Übungen. Muskelstärkende Übungen für die oberen und unteren Extremitäten können im Sitzen oder Stehen ausgeführt werden. Von den meisten Hüftfrakturen

(60–90%) wurde berichtet, daß sie direkt mit einem Hüfttrauma zusammenhingen [5]. Die Wirksamkeit äußerlicher Hüftschutzvorrichtungen bei der Prävention von Hüftfrakturen bei Bewohnern von Pflegeheimen wurde nachgewiesen [20].

Ebenfalls von Bedeutung sind Geh-Koordinationsübungen und Gewichtheben im Stehen [37]. Bei jeder körperlichen Aufgabe verbessert ständige Wiederholung die Fertigkeit. Die Durchführung der Frenkel-Übungen (Koordinationsübungen für die unteren Extremitäten) kann die Koordination beim Gehen verbessern und damit zur Verringerung des Sturzrisikos beitragen.

Es ist gesichert, daß Körpertraining positiv auf die Knochenmasse wirkt, während Immobilität die Knochenmasse verringert. In anderen Fällen als Immobilität jedoch wurde nicht immer über einen positiven Effekt von Körpertraining auf die Knochenmasse berichtet. Weitere günstige Effekte im Zusammenhang mit Körpertraining sind höhere Arbeitskapazität, kardiovaskuläre Fitneß, Gewichtskontrolle, verbesserte Glukoseverträglichkeit, gesteigertes Wohlbefinden, verringerte kardiovaskuläre Risikofaktoren, erhöhtes HDL/LDL-Verhältnis und höhere Lebensqualität [2]. Übungen wie Schwimmen oder Übungen im Wasser sind für die kardiovaskuläre Konditionierung und für die Flexibilität und Muskelkraft günstig, sie belasten Wirbelsäule und Hüfte jedoch nicht. Daher ist ihr knochenbildender Effekt nicht signifikant.

Es muß eine sorgfältige Untersuchung der familiären Osteoporosegeschichte und der Risikofaktoren der Patienten sowie ihres aktuellen Niveaus körperlicher Betätigung einschließlich von Freizeit- und Sportaktivitäten durchgeführt werden. Eine Verbesserung der biomechanischen Kompetenz der Skelettstruktur und eine Prävention von Stürzen und weiteren Frakturen sind primäre Ziele eines Rehabilitationsprogramms [37].

Der Erhalt der Gesundheit der Skelettmuskulatur nach einer Fraktur

Es ist offenkundig, daß das Hauptziel die Prävention von Frakturen und nicht die Behandlung von Komplikationen ist. Eine Fraktur des Oberschenkelhalses wird bei osteoporotischen Patienten häufig beobachtet und die interne Fixierung ist die Behandlungsmethode der Wahl. Bei geschwächten Patienten, bei denen das Risiko der Entwicklung einer Lungenembolie, Pneumonie und eines Dekubitus besteht, sind auch weitere Präventivmaßnahmen erforderlich. Wenn eine Osteomalazie festgestellt wird, sollte eine Vitamin-D-Behandlung begonnen werden. Es sollten Anstrengungen unternommen werden, längere Immobilität zu vermeiden, die das Risiko weiterer Stürze und Frakturen erhöhen kann. Da gewöhnlich ein Sturz ein Warnzeichen dafür ist, daß weitere Stürze folgen werden, wird dringend empfohlen, den Patienten in ein regelmäßiges Trainingsprogramm einschließlich Stärkungsübungen aufzunehmen. Daher spielen Rehabilitationsmethoden zur Prävention von Stürzen und Verbesserung der Gehstabilität zusammen mit geeigneten pharmakologischen Behandlungen eine wichtige Rolle. Um die Vigilanz zu erhalten, sollte der Gebrauch von Sedativa und sonstigen analgetischen Medikamenten möglichst gering gehalten werden.

Beckenfrakturen sind bei Osteoporosepatienten besonders häufig. Diese Frakturen heilen ohne invasive Intervention. Die Patienten sollten sobald wie möglich wieder gehen, wobei Maßnahmen zur Minderung der Schmerzen durch die Belastung von Wirbelsäule und Hüfte angewandt werden sollten. Um die Schmerzen zu verringern, ist anfänglich der Gebrauch eines Rollators zu empfehlen. Später werden Krücken und/oder ein Stock benutzt. Die Anwendung einer Lumbosakralstütze oder Sakralstütze kann zur Schmerzreduzierung beitragen. Es sollten alle Anstrengungen unternommen werden, um zu vermeiden, daß das Skelett einem Trauma ausgesetzt wird, das seine biomechanische Festigkeit übersteigt.

In Fällen akuter Rückenschmerzen nach einer Fraktur sind die Anwendung von Kälte und (nach 2 Tagen) Wärme, Massage und Rückenstützen hilfreich, um den Muskelschwund durch die Immobilität zu verringern. Es wird empfohlen, den Einsatz von Analgetika und Sedativa bei älteren Patienten einzuschränken, um das Sturzrisiko weiter zu senken. Die Behandlung akuter und chronischer Rückenschmerzen in Zusammenhang mit Osteoporose wird in den Tab. **10.2** u. **10.3** zusammengefaßt.

Tab. **10.2** Die Behandlung akuter Schmerzen bei Patienten mit Osteoporose.

- Bettruhe für 2–3 Tage. Eine signifikante Verschlimmerung des Knochenschwunds tritt bei 2–3 Tagen Bettruhe wahrscheinlich nicht ein
- Analgetika
  Vermeiden von Obstipation
- Vermeiden anstrengender körperlicher Betätigung
- geeignete Haltungsprinzipien, um eine übermäßige Belastung der Wirbelsäule zu vermeiden
- physikalische Therapie: milde Wärme und Streichmassage
- Rückenstützen zur Schmerzmilderung und baldiges Gehen

Aus Sinaki, M. [37]. Mit freundlicher Genehmigung der Mayo-Stiftung

Tab. **10.3** Die Behandlung chronischer Schmerzen bei Patienten mit Osteoporose.

- Falls möglich, fehlerhafte Haltung verbessern
- nach einer Korrektur eine Rückenstütze anwenden, um unangemessene Bänderdehnungen zu vermeiden
- körperliche Aktivitäten meiden, die vertikale Kompressionskräfte auf den Wirbelkörper ausüben
- Verschreibung eines gesunden, therapeutischen Übungsprogramms
- eine geeignete medizinische Behandlung wie angezeigt beginnen

Aus Sinaki, M. [37]. Mit freundlicher Genehmigung der Mayo-Stiftung.

Die Behandlung chronischer Schmerzen und das Niveau körperlicher Aktivität

Das Vorhandensein chronischer Schmerzen verringert den Wunsch des Patienten, an körperlichen Aktivitäten teilzunehmen. Die Entwicklung einer Deformierung aufgrund von Keilwirbelbildung und Wirbelkompression kann chronische Schmerzen verursachen. Die Bandscheiben unterliegen den stärksten alterungsverursachten Veränderungen aller Bindegewebe [1]. Mit zunehmendem Alter nimmt die Anzahl und der Durchmesser des Kollagenfaseranteils der Bandscheiben zu. Diese Veränderung wird begleitet von einer progressiven Abnahme der Dehnbarkeit der Bandscheiben. Schließlich verschwindet der Abstand zwischen dem Nucleus pulposus und dem Annulus fibrosus.

Eine kyphotische Haltungsänderung ist der physisch am stärksten entstellende und psychologisch am meisten schädigende Effekt der Osteoporose [35]. Die Inzidenz osteoporotischer Frakturen kann wesentlich nur durch frühzeitige Entdeckung und nachfolgende Behandlung bei der Patientenpopulation mit hohem Risiko gesenkt werden. Eine unverhältnismäßige Schwäche der Streckmuskulatur des Rückens im Verhältnis zu Körpergewicht oder Flexorenkraft kann die Möglichkeit einer Wirbelkompression in der fragilen Wirbelsäule erhöhen. Das Erkennen und Verbessern einer verminderten Stärke der Streckmuskulatur des Rückens erhöht die Fähigkeit, eine richtige vertikale Ausrichtung beizubehalten [36]. Die geriatrische Population hat ein erhöhtes Risiko für schwächende Haltungsänderungen als Folge neuromuskulärer Veränderungen [10]. Die Entwicklung einer kyphotischen Haltung kann nicht nur die Prädisposition zu haltungsbedingten Rückenschmerzen schaffen, sie kann auch das Sturzrisiko erhöhen [23].

a b

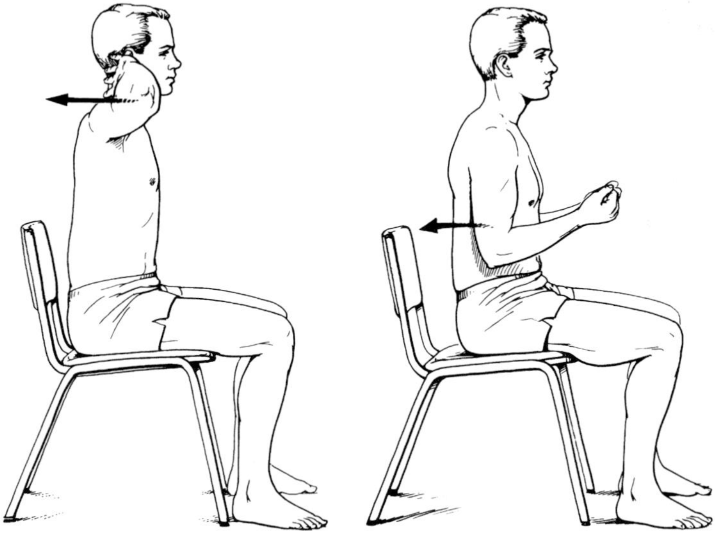

Abb. **10.4 a, b** **a** Übung zum tiefen Atmen, kombiniert mit Brustkorbdehnung und Rückenstreckung im Sitzen. Der Patient sitzt auf einem Stuhl, legt die Hände in Kopfhöhe an und atmet tief ein, während er die Ellbogen vorsichtig nach hinten dehnt. Während des Ausatmens führt der Patient die Arme wieder in die Ausgangsposition zurück. Diese Übung wird 10- bis 15mal wiederholt. **b** Rückenstrekkungsübung im Sitzen. Diese Position vermeidet oder minimiert Schmerzen bei Patienten mit schwerer Osteoporose (aus Sinaki [33], mit freundlicher Genehmigung der Mayo-Stiftung).

Der Erhalt einer normalen oder möglichst normalen Haltung trägt zu festem Schritt und sicherem Gehen bei, was das Sturzrisiko senken kann. Daher sollten alle Anstrengungen unternommen werden, um eine kyphotische Haltung zu bessern und die Teilnahme des Patienten an körperlichen Aktivitäten zu steigern. Ein Übungsprogramm für die Rückenstreckung kann anfangs, falls erforderlich, im Sitzen ausgeführt werden und allmählich, soweit verträglich, auf dem Bauch liegend auf Rückenstreckübungen mit Gewichten ausgedehnt werden (Abb. **10.4 a–e**). Wichtig ist, langsam zu beginnen und das Programm soweit verträglich auszudehnen. Gehen als Übung, entweder mit oder ohne Gehhilfe, wird dringend empfohlen.

c
d
e

Abb. **10.4c–e** **c** Progressives Übungsprogramm zur Rückenstärkung gegen einen Widerstand (entworfen von M. Sinaki). Der Rucksack enthält Sandsäcke. Diese Rückenstreckübung kann auch ohne Gewichte ausgeführt werden (aus Sinaki [44]).
d Übung zur Reduzierung der Lordose der Lendenwirbelsäule mit isometrischer Kontraktion der lumbalen Flexoren.
e Übung zur Stärkung des Musculus gluteus maximus (**d, e** aus Sinaki [37], mit freundlicher Genehmigung der Mayo-Stiftung).

Wirbelsäulen-Orthesen

Im allgemeinen können „Rückenstützen" bei der Osteoporosebehandlung in 3 Stadien verwendet werden:

1. zur Verringerung von Wirbelbewegung und -schmerzen während der akuten Phase,
2. bei Haltungsschmerzen und Bänderdistorsion, um im chronischen Stadium eine Muskelschwäche des Rumpfes zu kompensieren und
3. für frühzeitige Gehaktivitäten und zur Förderung des richtigen Gebrauchs der Rückenmuskeln.

Bei akuter schmerzhafter Kompressionsfraktur nehmen Muskelkrämpfe auf beiden Seiten der Wirbelsäule ab, wenn der kinetische Druck auf die Wirbelsäule reduziert, einer Überbeanspruchung vorgebeugt und der schmerzhafte Bereich der Kompressionsfraktur geschützt wird, bis das periostale Ödem zurückgeht. Die Wirbelsäulenbewegung erhöht den Schmerz und Schmerzen führen zu einer weiteren Überbeanspruchung sekundärer Muskeln. Die Orthese wirkt hilfreich und verkürzt die schmerzbedingte Bettlägerigkeit des Patienten.

a b c d

Abb. **10.5** Muskelstärkende Übungen mit Belastung von Wirbelsäule und Hüfte, die den Knochenschwund reduzieren können (die Übungen wurden für die osteopenische Wirbelsäule von M. Sinaki durch eine Unterstützung der Retirement Research Foundation entwickelt. Die Techniken sollen die Belastung der Wirbelsäule trotz der Belastung von Wirbelsäule und Hüfte reduzieren). **a–c** Übung zur bilateralen oder unilateralen Belastung von Wirbelsäule und Hüfte. Um eine Überlastung der Wirbelsäule zu vermeiden und das Gleichgewicht halten zu können, wird empfohlen, sich an ein festes Objekt zu lehnen oder abzustützen. Wenn das Gewicht über den Kopf gehoben wird, die Knie leicht beugen, um eine Belastung der Lendenwirbelsäule zu vermeiden. Anmerkung: Das gehobene Gewicht beträgt etwa 1–2 Pfund pro Hand, höchstens 5 Pfund pro Hand. Die Gewichtmenge muß je nach dem Knochenmineralgehalt des Patienten (Osteoporose-Status) und dem Zustand der oberen Extremität verschrieben werden. **d** In Fällen eingeschränkter Schulterabduktion wird empfohlen, das Gewicht nur auf Schulterhöhe zu heben (aus Sinaki [37], mit freundlicher Genehmigung der Mayo-Stiftung).

Die Ziele der Abstützung bei chronischem Osteoporoseschmerz sind

1. eine Linderung der Schmerzen durch Bänderdistorsion/-belastung nach der Entwicklung einer kyphotischen Haltung,
2. eine Verringerung der ungleichen Verteilung der Kompressionskräfte auf die vordere Hälfte der fragilen Wirbelkörper [38] und
3. ein Unterstützungssystem für die schwachen autochthonen Rükkenmuskeln zur Verfügung zu stellen, die die von außen wirkende anatomische Stütze der Wirbelsäule bei den täglichen Aktivitäten sind.

Wirbelsäulenstützapparate beruhen auf dem Prinzip des Dreipunktkontakts. Um eine weitere Flexion der Wirbelsäule zu vermeiden, werden

Sternumbasis, Symphysis pubica und Lendenwirbelsäule wie bei einem Jewett-Korsett als drei Kontaktpunkte verwendet (Abb. **10.6 a**). Konventionelle Thorakolumbalstützen unterstützen die Extension der Wirbelsäule durch Schulterriemen und paraspinale Stäbe und durch eine Erhöhung des intraabdominalen Drucks (Abb. **10.6 b**). Bei akuter Kompressionsfraktur wird bei jüngeren Patienten ein Vollkorsett, eine starre Polypropylenstütze bevorzugt und bringt gewöhnlich die beste Linderung (Abb. **10.6 c**) [32].

Die Wirksamkeit von lumbalen Orthesen wurde von Morris et al. [24] untersucht, die feststellten, daß Lendenstützen den intraabdominalen Druck des Trägers in Ruhestellung erhöhen, indem das Abdomen komprimiert und in einen halbfesten Zylinder gedreht wird. Man geht davon aus, daß dieser Druck innerhalb der Bauchhöhle die Wirbelsäulenbelastung beeinflußt, indem die Rumpfvorderseite gestützt wird. Wird eine solche Stütze getragen, ruht das Gewicht der oberen Körperhälfte sowohl auf der Wirbelsäule als auch auf dem halbfesten Zylinder. Um einem übergewichtigen Patienten einen ausreichenden intraabdominalen Druck zur Stützung der Lendenwirbelsäule zu verschaffen, muß die Festigkeit der Orthese erhöht werden [47].

Die Anwendbarkeit konventioneller Orthesen wird eingeschränkt durch eine geringe Körpergröße (unter 147 cm oder 58 Inch), das Vorhandensein einer Dyspnoe oder einer chronischen obstruktiven Lungenerkrankung, dem Vorhandensein einer Hiatus- oder Leistenhernie, mäßiger bis schwerer Fettleibigkeit, Skoliose als Folge der Osteoporose und Kompressionsfrakturen. Die mit Gewichten versehene Kypho-Orthese lindert Rückenschmerzen:

1. indem sie unterhalb und hinter den unteren Winkeln der Skapula stützt und somit die vorderen Kompressionskräfte reduziert, die gewöhnlich auf die Wirbelsäule ausgeübt werden, ohne den Patienten zu immobilisieren. Die Kompressionskräfte auf die Wirbelsäule während der Flexion können um das 5- bis 10fache erhöht werden [25]. Daher werden die vorderen Kräfte auf die Wirbelsäule durch eine Verschiebung des Körpergewichts nach hinten um ein Mehrfaches verringert (Abb. **10.6 d**),
2. indem sie als propriozeptive Verstärkung wirkt und durch den Kontakt des Gewichtsbeutels und eine taktile Stimulierung der Rückenstreckmuskeln wie eine Biofeedback-Technik funktioniert [14]. Das Gewicht in dem Beutel kann je nach den Bedürfnissen des Patienten um jeweils ein Viertel Pfund auf maximal 2,0 Pfund erhöht werden. Falls das Gewicht angewendet wird, um eine axiale Stabilität des Gangs zu erreichen, kann das Gewicht auf 2,5 Pfund erhöht werden. Tatsächlich wurde nachgewiesen, daß die Anwendung von Stützvorrichtungen mit Gewichten in Kombination mit einem Haltungstrainingsprogramm die Kraft der Rückenstreckmuskeln verbessert [15].

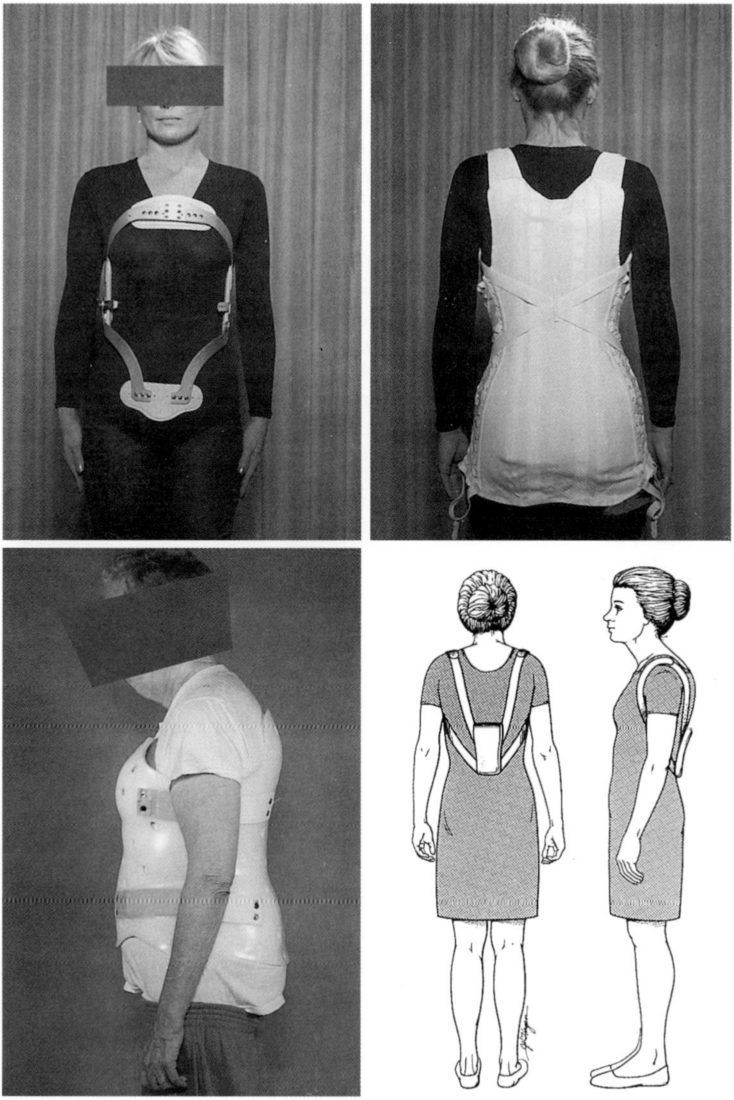

Abb. **10.6**

Durch die Applikation einer korrigierenden Wirbelsäulenstütze kann die Vitalkapazität abnehmen [17]. Wegen des Einflusses der Stützvorrichtungen auf den natürlichen Verlauf der idiopathischen Skoliose und wegen der wesentlichen Reduzierung der Atmungsfunktion durch Stützvorrichtungen wird empfohlen, Indikationen für Orthesen sorgfältig abzuwägen. Die vorübergehende Applikation starrer Wirbelsäulenstützkorsette wegen akuter Schmerzen aufgrund einer Kompressionsfraktur scheint zur Schmerzlinderung bei Patienten mit Osteoporose geeignet zu sein, die Berechtigung einer starren Stütze wegen chronischer Schmerzen muß aber genau untersucht werden.

Das Ausmaß der Probleme, die durch Veränderungen der Skelettmuskulatur bei Osteoporose verursacht werden, erfordert die Berücksichtigung des Patientenzustands insgesamt und nicht nur vom Standpunkt der Stürze und Frakturen der Wirbelsäule und/oder Hüfte.

Die Verschreibung eines geeigneten und wirksamen, sowohl präventiven als auch therapeutischen Übungs- und Rehabilitationsprogramms für osteoporotische Patienten erfordert Geschick, die wirkliche Herausforderung besteht aber darin, diese Patienten zu ermutigen, sich nach diesem Programm zu richten.

◄ Abb. **10.6** **a** Jewett-Korsett – verwendet zur Prävention der Lenden- und Thoraxflexion, wenn der Patient wegen einer neuen Kompressionsfraktur der Wirbelsäule akute Schmerzen hat. **b** Thorakolumbalstütze mit starren oder halbstarren Stäben. Zusätzliche Schulterriemen verringern die kyphotische Haltung weiter oder erinnern den Patienten daran, schweres Bücken zu vermeiden. Die Schulterriemen können mit Polstern versehen werden, um den Druck über hervorstehenden Knochen zu verringern (**a, b** aus Sinaki [33], mit freundlicher Genehmigung der Mayo-Stiftung). **c** Starre Rückenstütze oder zweiklappiges Körperjackett. Die Stütze besteht aus Polypropylen und wird für den Patienten angepaßt (aus Sinaki [32], mit freundlicher Genehmigung der Mayo-Stiftung). **d** Mit Gewicht versehene Kypho-Orthese. Touch-close-Verschluß auf Schulter-/Schlüsselbeinhöhe mit elastischer Extension für leichte, einhändige Applikation und Entfernung. Ein biomechanischer Zugangsweg positioniert die Gewichte genau passend unter dem unteren Winkel der Skapula, um der Tendenz entgegenzuwirken, sich nach vorne zu beugen (aus PTS Broschüre A838. Jackson, MI, Camp Intn.'l, 1991. Mit freundlicher Genehmigung der Bissell Healthcare Corporation).

Literatur

1 Adams P, Eyre DR, Muir H: Biomechanical aspects of development and aging of human lumbar intervertebral disks. Rheumatol Rehabil 16: 22–29 (1977)

2 Åstrand, P-O: Exercise and physiology and its role in disease prevention and in rehabilitation. Arch Phys Med Rehabil 68: 305–309 (1987)

3 Bergstralh E, Sinaki M, Offord KO, Wahner HW: Seasonal variation in lumbar spine density, back extensor strength, and physical activity in postmenopausal women. J Bone Miner Res 5,4: 371–377 (1990)

4 Block JE, Genant HK, Black D: Greater vertebral bone mineral mass in exercising young men. West J Med 145: 39–42 (1986)

5 Cummings SR, Nevitt MC: A hypothesis: the cause of hip fractures. J Gerontol 44: 107–111 (1989)

6 Dalsky GP, Stocke KS, Ehsani AA, Slatopolsky E, Lee WC, Birge SJ Jr.: Weight-bearing exercise training and lumbar bone mineral content in postmenopausal women. Ann Intern Med 108: 824–828 (1988)

7 Davies CTM, Thomas DO, White MJ: Mechanical properties of young and elderly human muscle. Acta Med Scan Suppl 711: 219–226 (1986)

8 Folz TJ, Sinaki M: A nouveau aid for posture training in degenerative disorders of the central nervous system. J Muscul Pain 3 (4): 59–69 (1995)

9 Grisso JA, Kelsey JL, Strom BL, Chiu GY, Maislin G, O'Brien LA, Hoffman S, Kaplan F, and the Northeast Hip Fracture Study Group: Risk factors for falls as a cause of hip fractures in women. New Engl J Med 324: 1326–1331 (1991)

10 Gutmann E: Age changes in the neuromuscular system and aspects of rehabilitation medicine. In Neurophysiologic Aspects of Rehabilitation Medicine. Edited by Buerger AA, Tobis JS. Charles C. Thomas, Publisher, Springfield IL, 42–61 (1976)

11 Hirschberg GG, Williams KA, Byrd JG: Medical management of iliocostal pain. Geriatrics 47,9: 62–67 (1992)

12 Itoi E, Sinaki M: Effect of back strengthening exercise on posture in healthy women aged 49 to 64 years. Mayo Clin Proc 69,11: 1054–1059 (1994)

13 Jacobsen SJ, Goldberg J, Miles TP, Brody JA, Stiers W, Rimm AA: Seasonal variation in the incidence of hip fracture among white persons aged 65 years and older in the United States, 1984–1987. Am J Epidemiol 133: 996–1004 (1991)

14 Kaplan RS, Sinaki M: Posture Training Support: preliminary report on a series of patients with diminished symptomatic complications of osteoporosis. Mayo Clin Proc 68: 1171–1176 (1993)

15 Kaplan RS, Sinaki M, Hameister M: Effect of back supports on back strength in patients with osteoporosis: A pilot study. Mayo Clin Proc 71: 235–241 (1996)

16 Keene J, Anderson CA: Hip fractures in the elderly: discharge predictions with a functional rating scale. JAMA 248: 564 (1982)

17 Kennedy JD, Robertson CF, Hudson I, Phelan PD: Effect of bracing on respiratory mechanics in mild idiopathic scoliosis. Thorax 44: 548–553 (1989)

18 Kenney RA: Physiology of Aging, 2nd ed., Year Book Medical Publishers, New York (1989)

19 Kirk S, Sharp CF, Elbaum N, Endres DB, Simons SM, Mohler JG, Rude RK: Effect of long-distance running on bone mass in women. J Bone Miner Res 4: 515–522 (1989)
20 Lauritzen JB, Petersen MM, Lund B: Effect of external hip protectors on hip fractures. Lancet 341: 11–13 (1993)
21 Lewinnek G, Kelsey J, White A et al.: Significance and comparative analysis of the epidemiology of hip fractures. Clin Orthop 152: 35 (1980)
22 Lord SR, Webster IW: Visual field dependence in elderly fallers and nonfallers. Int J Aging Hum Dev 31: 267–277 (1990)
23 Lynn S, Sinaki M: Objective assessment of balance in subjects with osteoporosis. J of Bone and Min Res 8 (Suppl 1): 338, August (1993)
24 Morris JM, Lucas DB, Bresler B: Role of the trunk in stability of the spine. J Bone Joint Surg 43 A: 327–351 (1961)
25 Nachemson AL: Orthotic treatment for injuries and diseases of the spinal column. Phys Med Rehabil 1: 11–24 (1987)
26 Nelson ME, Fiatarone MA, Morganti CM, Trice I, Greenberg RA, Evans WJ: Effects of high-intensity strength training on multiple risk factors for osteoporotic fractures: A randomized controlled trial. JAMA 272,24: 1909–1916 (1994)
27 Petrie RS, Sinaki M, Squires RW, Bergstralh E: Physical activity, but not aerobic capacity, correlates with back strength in healthy premenopausal women. Mayo Clin Proc 68,8: 738–742 (1993)
28 Riggs BL, Wahner HW, Melton LJ III, et al.: Rates of bone loss in appendicular and axial skeletons of women: evidence of substantial vertebral bone loss before menopause. J Clin Invest 77: 1487–1491 (1986)
29 Róbertsson GO, Jónsson GT, Sigurjónsson K: Epidemiology of distal radius fractures in Iceland in 1985. Acta Orthop Scand 61: 457–459 (1990)
30 Robinson TL, Snow-Harter C, Taaffe DR, Gillis D, Shaw J, Marcus R: Gymnasts exhibit higher bone mass than runners despite similar prevalence of amenorrhea and oligomenorrhea. J Bone Miner Res 10,1: 26–35 (1995)
31 Schoutens A, Laurent E, Poortmans JR: Effects of inactivity and exercise on bone. Sports Med 7: 71–81 (1989)
32 Sinaki M: Postmenopausal spinal osteoporosis: physical therapy and rehabilitation principles. Mayo Clin Proc 57: 699–702 (1982)
33 Sinaki M: Musculoskeletal management of osteoporosis. Chapter 11. In Osteoporosis: Etiology, Diagnosis and Management, 2nd Edition. Edited by Riggs BL, Melton LJ III. Raven Press, New York, NY 435–473 (1995)
34 Sinaki M: Exercise and Osteoporosis. Arch Phys Med Rehab 70: 220–229 (1989)
35 Sinaki M, Grubbs N: Back strengthening exercises: quantitative evaluation of their efficacy in women age 40–65 years. Arch Phys Med Rehab 70: 16–20 (1989)
36 Sinaki M: Beneficial musculoskeletal effects of physical activity in the older woman. Geriatr Med Today 8: 53–72 (1989)
37 Sinaki M: Spinal osteoporosis. Chap. 16, In Basic Clinical Rehabilitation Medicine. 2nd Ed. Sinaki M (ed.). St. Louis, Mosby Year Book, Inc 209–236 (1993)
38 Sinaki M: Rehabilitation of osteoporotic fractures of the spine. In Physical Medicine and Rehabilitation of Fractures. State of the Art Reviews. Mehta AJ (ed.), Philadelphia. Hanley & Belfus, Inc Vol 9, No 1: 105–123 (1995)

39 Sinaki M, Khosla S, Limburg PJ, Rogers JW, Murtaugh PA: Muscle strength in osteoporotic versus normal women. Osteoporosis Intn'l 3,1: 8–12 (1993)

40 Sinaki M, Lynn S, Westerlind K: The effect of posture on balance: the neurorehabilitative role of computerized dynamic posturography. In Official Journal of the European Neurological Society, Barcelona, Spain June 25–29, 1994 and J of Neurol Vol 241, Suppl 1: 116 (1994)

41 Sinaki M, McPhee MC, Hodgson SF, Merritt JM, Offord KP: Relationship between bone mineral density of the spine and strength of back extensors in healthy postmenopausal women. Mayo Clin Proc 61: 116–122 (1986)

42 Sinaki M, Offord K: Physical activity in postmenopausal women: effect on back muscle strength & bone mineral density of the spine. Arch Phys Med Rehab 69: 277–280 (1988)

43 Sinaki M, Opitz JL, Wahner HW: Bone mineral content and relationship to muscle strength in normal subjects. Arch Phys Med Rehab 55: 508–512 (1974)

44 Sinaki M, Wahner HW, Offord KP, Hodgson SF: Efficacy of nonloading exercises in prevention of vertebral bone loss in postmenopausal women: a controlled trial. Mayo Clin Proc 64,7: 762–769 (1989)

45 Steindler A: Kinesiology of the Human Body Under Normal and Pathological Conditions. Charles C. Thomas, Publishers. Springfield, IL (1965)

46 Stelmach GE, Zelaznik HN, Lowe D: The influence of aging and attentional demands on recovery from postural instability. Aging [Milano] 2: 155–161 (1990)

47 Stillwell GK: The law of Laplace: some clinical applications. Mayo Clin Proc 48: 863–869 (1973)

48 Turner CH, Forwood MR, Rho JY, Yoshikawa T: Mechanical loading thresholds for lamellar and woven bone formation. J Bone Miner Res 9,1: 87–97 (1994)

Sachverzeichnis

A

B

C

D

E

F

G

P

R

S

T

U

V

W

Z